Überlebenshandbuch für ITSM-Projekte

Fallstricke erkennen.

Komplexität beherrschen.

Robert Scholderer

IMPRESSUM

Robert Scholderer

Rohrbacher Hof 3

76646 Bruchsal

Deutschland

E-Mail: robert@scholderer.de

ISBN: 978-3-00-086515-2

Die Inhalte dieses Buches wurden mit größtmöglicher Sorgfalt erstellt und basieren auf praktischen Erfahrungen des Autors. Dennoch kann keine Gewähr für die Richtigkeit, Vollständigkeit und Aktualität der Inhalte übernommen werden. Die Anwendung der im Buch dargestellten Methoden und Empfehlungen erfolgt auf eigene Verantwortung.

VORWORT

IT-Service-Management ist kein neues Thema.

Seit mehr als drei Jahrzehnten beschäftige ich mich mit ITServices, Servicekatalogen, Service Level Agreements und den organisatorischen Strukturen, die notwendig sind, um IT zuverlässig betreiben zu können.

In dieser Zeit sind viele Bücher entstanden.

Einige davon beschäftigen sich mit der Gestaltung von ITServices, andere mit Servicekatalogen, SLA-Modellen oder Governance-Strukturen.

Diese Bücher enthalten eine große Zahl an Lösungen.

Doch eine Frage stellte sich in Projekten immer wieder:

Welche dieser Lösungen ist wann die richtige?

Denn ITSM-Projekte scheitern selten daran, dass keine Methoden oder Werkzeuge vorhanden sind.

Sie scheitern daran, dass Organisationen die falschen Lösungen zur falschen Zeit einsetzen.

Zu früh.

Zu spät.

Oder ohne das strukturelle Problem wirklich verstanden zu haben.

Genau hier setzt dieses Buch an.

Dieses Buch ist kein Framework-Lehrwerk.

Es ist auch kein Methodenhandbuch.

Es ist ein Überlebenshandbuch für ITSM-Projekte.

Es beschreibt typische Fallstricke, die in nahezu jedem ITSM-Vorhaben auftreten – unabhängig von Branche, Tool oder Organisationsform.

Diese Fallstricke entstehen nicht aus fehlender Motivation oder mangelnder Kompetenz.

Sie entstehen aus der Komplexität des Themas.

IT-Service-Management verbindet Technik, Organisation, Governance, Vertragslogik, Wirtschaftlichkeit und menschliche Zusammenarbeit.

Diese Kombination erzeugt strukturelle Spannungen, die in vielen Projekten erst sichtbar werden, wenn das System bereits aufgebaut ist.

Die Kapitel dieses Buches beschreiben genau diese Situationen.

Sie zeigen, warum bestimmte Probleme entstehen welche strukturellen Ursachen dahinterliegen und welche Lösungsrichtungen sich in der Praxis bewährt haben.

Für die detaillierte Ausgestaltung dieser Lösungen verweise ich bewusst auf meine anderen Bücher zum Design und Management von IT-Services, zu Servicekatalogen und zu Service Level Agreements.

Dieses Buch ersetzt diese Werke nicht.

Es hilft vielmehr dabei, den richtigen Zugang zu ihnen zu finden.

Parallel zu diesen Veröffentlichungen ist in den letzten Jahren mit meinen Kollegen Dirk Kastner und Sascha Fabry ein Werkzeug entstanden: SEAMLESS.

SEAMLESS ist kein klassisches ITSM-Tool.

Es ist ein Modellierungs- und Navigationswerkzeug für ITServices.

Es unterstützt Organisationen dabei, die strukturellen Zusammenhänge von Services, Rollen, Abhängigkeiten, SLAs und Governance sichtbar zu machen – und sich systematisch durch ITSM-Projekte zu bewegen.

Dieses Buch verweist deshalb an verschiedenen Stellen auch auf den SEAMLESS-Ansatz.

Nicht als Werbung für ein Tool, sondern als Beispiel dafür, wie sich viele der beschriebenen strukturellen Probleme technisch lösen lassen.

Nach mehr als 30 Jahren im ITSM-Umfeld war es mir ein persönliches Anliegen, meine Erfahrungen aus Projekten, Diskussionen, Fehlentwicklungen und erfolgreichen Ansätzen in kondensierter Form zugänglich zu machen.

Viele der beschriebenen Situationen werden Ihnen vermutlich vertraut vorkommen.

Wenn das so ist, dann ist das kein Zeichen dafür, dass Ihr Projekt gescheitert ist.

Es zeigt nur, dass Sie sich in einem komplexen Feld bewegen.

Und genau dafür ist dieses Buch geschrieben

INHALTSVERZEICHNIS

1

Einleitung: Warum ITSM-Projekte nicht an Technik scheitern

ITSM-Projekt scheitern an fehlenden Beziehungen

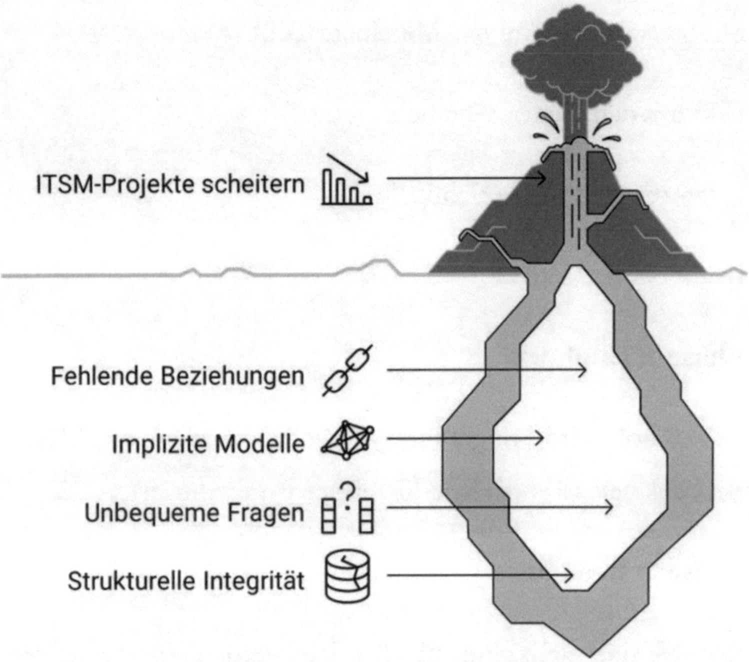

ITSM-Projekte starten selten schlecht.

Sie starten mit Energie.

Mit Budget.

Mit Projektplan.

Mit Steering Committee. Mit einem Tool.

Und mit dem festen Glauben:

„Jetzt machen wir es richtig.“

Der typische Verlauf

Phase 1: Euphorie

Das Tool wird eingeführt. Prozesse werden modelliert. Servicekataloge entstehen. SLAs werden formuliert.

Phase 2: Realität

Begriffe sind nicht eindeutig. Services werden unterschiedlich verstanden. Lieferketten sind unklar. Verantwortlichkeiten verschwimmen.

Phase 3: Kompensation

Excel-Listen entstehen. PowerPoint-Dokumentationen ergänzen das Tool. Individuelle Workarounds werden akzeptiert.

Phase 4: Stabilisierung

Das System läuft. Aber es fühlt sich schwer an. Jede Änderung kostet unverhältnismäßig viel Energie.

Phase 5: Frustration

Niemand möchte das Modell anfassen.

Das Tool ist „zu komplex".

Die Dokumentation ist „nicht aktuell".

Die KPIs sind „irgendwie richtig – aber nicht hilfreich".

Und irgendwann wird gesagt:

„ITSM funktioniert bei uns eben nicht optimal." Eine falsche Diagnose.

Dann beginnt die Fehlersuche:

- Das Tool ist schuld.
- Der Hersteller ist schuld.
- Die Organisation ist nicht reif genug.
- Die Mitarbeiter sind nicht geschult genug.

- Das Framework ist zu theoretisch.

Doch selten wird die zentrale Frage gestellt:

Wie strukturiert ist unser Modell wirklich?

Dieses Buch ist kein Toolvergleich

Es geht nicht darum, welches ITSM-Tool besser ist.

Es geht nicht darum, ob ITIL 4 oder 5 geeigneter ist.

Es geht nicht darum, Prozesse noch feiner zu beschreiben.

Dieses Buch beschäftigt sich mit einer grundlegenderen Ebene:

Der strukturellen Integrität von IT-Service-Organisationen.

Die eigentliche Ursache

ITSM-Projekte scheitern nicht an fehlenden Funktionen.

Sie scheitern an fehlenden Beziehungen.

- Services ohne eindeutige Definition
- Lieferketten ohne transparente Modellierung
- SLAs ohne strukturellen Bezug
- KPIs ohne Kontext
- Rollen ohne klare Sichtbarkeit

- Excel als Ersatzarchitektur

Wenn Zusammenhänge nicht explizit modelliert werden, entstehen sie implizit in Köpfen. Und implizite Modelle skalieren nicht.

Warum Struktur unbequem ist

Struktur zwingt zur Klarheit.

Was ist ein Service?

Wann beginnt er – wann endet er?

Wer verantwortet was?

Welche Kennzahl ist führend?

Welche Lieferkette trägt welches Risiko?

Diese Fragen sind unbequem.

Aber sie entscheiden darüber, ob ITSM verwaltet oder geführt wird.

Für wen dieses Buch geschrieben ist

Dieses Buch richtet sich an:

- ITSM-Projektleiter, die Verantwortung tragen
- ITSM-Leiter, die Komplexität beherrschen müssen

- CIOs, die Steuerbarkeit erwarten
- Service Owner, die Orientierung brauchen

Es richtet sich an Menschen, die spüren, dass etwas strukturell nicht stimmt – auch wenn die Ampeln grün sind.

Der Anspruch dieses Buches

Dieses Buch liefert keine Rezepte.

Es liefert Denkmodelle.

Es zeigt typische Fallstricke.

Es zeigt strukturelle Ursachen.

Es zeigt Lösungsprinzipien.

Und es zeigt, wie ein integriertes Modell aussehen kann.

Nicht als Ideologie.

Nicht als Framework-Dogma.

Sondern als strukturelle Notwendigkeit.

Warum „Überleben" kein Zufall ist

ITSM-Projekte überleben nicht, weil sie gute Projektpläne haben.

Sie überleben, weil sie ein strukturelles Rückgrat besitzen.

Ein Modell, das Services, Rollen, Lieferketten, Kennzahlen und SLAs in Beziehung setzt.

Ein Modell, das Transparenz erzeugt, ohne Komplexität zu verdrängen.

Ein Modell, das Governance ermöglicht, ohne Innovation zu blockieren.

Wenn Sie beim Lesen dieses Buches feststellen, dass viele der beschriebenen Situationen Ihnen vertraut vorkommen, dann sind Sie nicht gescheitert.

Sie sind in guter Gesellschaft.

Die gute Nachricht:

Struktur ist erlernbar.

Und ITSM kann mehr sein als ein administrativer Apparat.

Es kann ein Führungsinstrument werden.

2

Fallstrick: Die Killerfrage:

Was ist ein Service?

Unklare Service-Definitionen gefährden ITSMProjekte und Effizienz

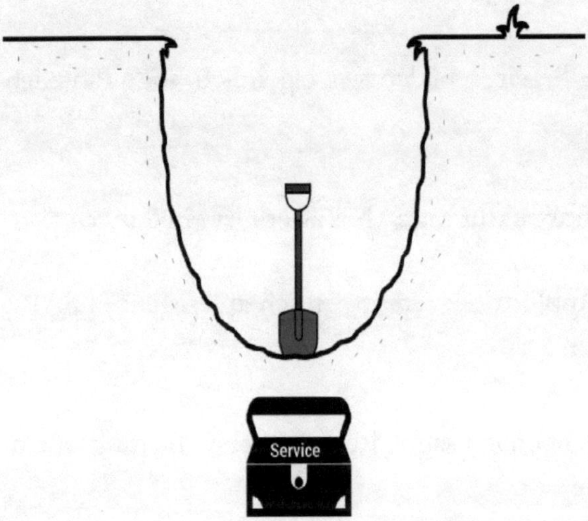

Sie starten ein ITSM-Projekt.

Das Tool ist ausgewählt.

Der Lenkungsausschuss steht. Das Budget ist genehmigt.

Alles wirkt professionell. Und dann kommt die erste scheinbar harmlose Frage:

Welche Services bilden wir eigentlich ab?" Plötzlich wird es unruhig.

Die Infrastruktur sagt: „Netzwerk ist ein Service."

Die Applikationsverantwortlichen sagen: „SAP ist ein Service."

Der Fachbereich sagt: „Rechnungsbearbeitung ist ein

Service."

Der Service Desk sagt: „Outlook ist ein Service."

Und irgendjemand wirft „Active Directory" in den Raum.

Innerhalb weniger Tage haben Sie eine Liste mit 80 bis 150 „Services".

Alle sind sich sicher. Und niemand meint dasselbe.

Ab diesem Moment ist Ihr Projekt gefährdet.

Nicht wegen Technik.

Nicht wegen Budget.

Sondern wegen eines Begriffs.

Der Denkfehler

Viele ITSM-Projekte scheitern, weil man glaubt, „Service" sei ein technischer Begriff. Er ist es nicht. Ein Service ist kein Server. Kein Tool. Keine Applikation. Kein Projekt. Ein Service ist ein Wertversprechen mit klarer Verantwortlichkeit. Er unterstützt einen Prozess. Er erzeugt ein nutzbares Ergebnis. Er hat eine definierte Betriebsverantwortung.

Er ist steuerbar. Wenn diese Kriterien nicht erfüllt sind, sprechen Sie nicht über einen Service – sondern über eine Komponente, ein System oder ein Artefakt.

Das Problem

Ohne eine verbindliche Definition wird alles zum Service. Und wenn alles ein Service ist, ist nichts mehr steuerbar.

Wie sich das Problem in Projekten zeigt

Sie merken sehr schnell, dass etwas nicht stimmt:

Diskussionen über Granularität eskalieren. Das Tool verlangt eine Struktur, die niemand sauber befüllen kann. Service Owner fragen: „Wofür bin ich eigentlich verantwortlich?" SLAs lassen sich nicht sauber zuordnen. Der Servicekatalog wird zur Sammelliste.

Was zunächst wie Detailfragen wirkt, ist in Wahrheit ein Statikproblem. Sie versuchen, ein Steuerungsmodell aufzubauen – ohne tragfähige Grundlage.

Ein strukturiertes Beispiel aus der Praxis

In einem Kundenprojekt wurde dieses

Problem systematisch adressiert. Dort wurde ein klarer ServiceDefinitionsprozess etabliert. Nicht aus dem Bauch heraus, sondern anhand strukturierter Entscheidungslogik. Fragen wie: Erbringt die Lösung einen geschäftlichen Nutzen? Wird sie eigenständig bereitgestellt und verantwortet? Ist sie Teil eines anderen Services? Handelt es sich um eine Fachanwendung? Auf Basis dieser Logik wurde sauber unterschieden zwischen:

- eigenständigem Service
- Teilservice
- keinem Service
- Fachanwendung mit Servicecharakter

Das Ergebnis war stabil. Nachvollziehbar. Governance-fähig. Aber: Es war ein Prozess. Mit Bewertungsschritten. Mit Gremien. Mit manueller Entscheidung. Jeder neue Kandidat musste erneut bewertet werden. Das ist nachvollziehbar, sauber – aber aufwendig.

Das eigentliche Risiko für Projektleiter

Wenn Sie diese Frage nicht früh klären, passiert Folgendes: Ihr Servicekatalog wird inkonsistent. Ihr Tool wird falsch modelliert. Ihre Service Owner werden überfordert. Ihr Reporting wird politisch. Und jede spätere Korrektur wird teuer.

Sie diskutieren dann nicht mehr über Verbesserung. Sie diskutieren über Begriffe. Und genau dort verlieren Projekte Energie.

Was Sie als Projektleiter tun müssen

Bevor Sie über Tool-Konfiguration sprechen, brauchen Sie:

- Eine verbindliche Service-Definition.
- Klare Kriterien zur Abgrenzung.
- Eine festgelegte Granularität.
- Eine zentrale Entscheidungsinstanz.

Das ist keine Formalität. Das ist die Grundlage Ihrer Steuerungsfähigkeit. Ohne diese Basis wird jedes ITSM-Tool zum Streitbeschleuniger.

SEAMLESS-Ansatz

Im klassischen Modell wird ein Service identifiziert, bewertet und eingeordnet. SEAMLESS dreht die Logik um.

Statt jedes Mal neu zu diskutieren, greift das System auf ein strukturiertes Service-Repository zurück – mit hunderten bereits modellierten Services in deutscher und englischer Ausprägung.

Der Projektleiter steht nicht mehr vor der Frage: „Ist das ein Service?“

Sondern vor der Frage: „Welches vorhandene Muster passt?“

Per Repository-Auswahl oder KI-gestützter Generierung wird der Service strukturell erzeugt – inklusive:

- klarer Einordnung
- definierter Granularität
- Rollenstruktur
- Lifecycle-Zuordnung
- Abhängigkeitsmodell

Die Interpretationsspielräume werden drastisch reduziert. Nicht, weil man Diskussionen verbietet. Sondern weil ein belastbares Modell existiert. Das ist der Unterschied zwischen Definition und Konstruktion.

Fazit

Die Frage „Was ist ein Service?" wirkt banal. Sie ist es nicht. Sie ist die Statik Ihres gesamten ITSM-Vorhabens. Wenn Sie diese Frage nicht sauber beantworten, brauchen Sie kein klassisches ITSM-Tool in der Hoffnung, dass es dann damit geregelt ist.

Wenn Sie die Frage strukturiert beantworten, haben Sie die Grundlage, auf der Ihr Projekt überleben kann. Und genau dort beginnt professionelles IT-Service-Management.

Mehr Details zu diesem Fallstrick

Buch: 2025 Design und Management von IT Services:

Kapitel 3.2 - 3.5

Buch: 2022 IT-Servicekatalog: Kapitel 11.1 - 11.7

"

Wer den Service nicht definieren kann, verwaltet nur Technik.

3

Fallstrick: Wann ITSM-Konzepte in der Tonne landen

Dokumenten-Wildwuchs in TSM-Projekten

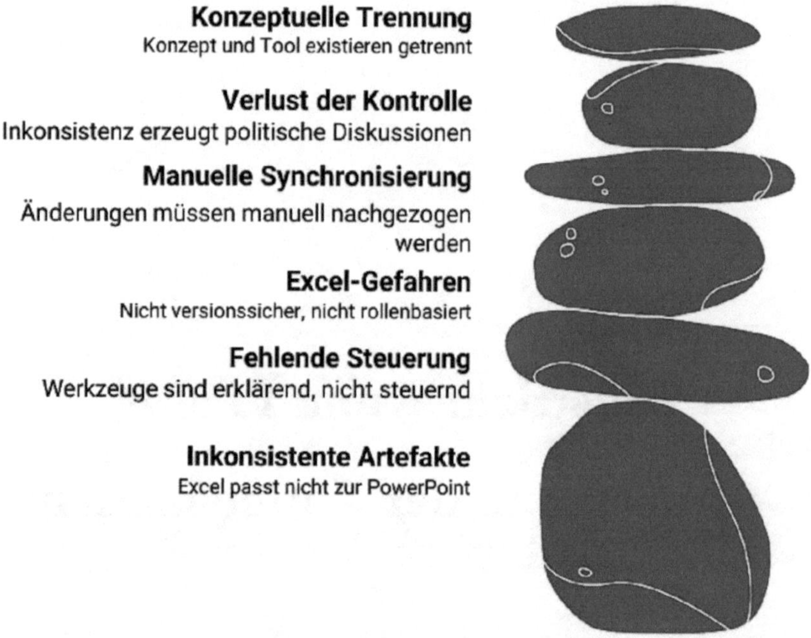

Sie haben die Service-Definition geklärt. Zumindest glauben

Sie das. Jetzt beginnt die Konzeptphase. Workshops.

Whiteboards. Mindmaps. PowerPoint-Zielbilder. ExcelTabellen mit Servicekandidaten. Word-Dokumente für Governance. Confluence-Seiten für Rollenmodelle.

Das Projekt fühlt sich produktiv an. Und tatsächlich entsteht viel Material. Aber kaum Struktur.

Der Moment, in dem es kippt

Nach einigen Wochen haben Sie:

- eine PowerPoint mit Servicearchitektur
- eine Excel-Liste mit 120 Services
- ein Word-Dokument mit Rollenbeschreibung
- eine Mindmap mit Abhängigkeiten
- vielleicht noch eine BPMN-Datei mit Prozessen Alles sieht sauber aus. Bis Sie anfangen, es umzusetzen.

Dann merken Sie:

Die Excel-Liste passt nicht zur PowerPoint-Struktur. Die Rollen im Word-Dokument sind im Tool anders modelliert. Die Mindmap ist ein Bild – aber keine Beziehung im System.

Änderungen müssen manuell in fünf Artefakten nachgezogen werden.

Sie verwalten plötzlich Dokumente – nicht Services.

Der strukturelle Fehler

Das Problem ist nicht, dass Sie dokumentieren. Das Problem ist, dass Sie im falschen Medium modellieren. PowerPoint erklärt. Excel listet. Word beschreibt. Mindmaps visualisieren. Aber keines dieser Werkzeuge steuert. Sie sind erklärende Artefakte. Keine führenden Modelle. Sie können gelesen werden. Aber sie können nicht wirken. Und genau hier beginnt Governance zu zerfallen.

Warum Excel keine Governance ersetzt

Viele ITSM-Projekte bauen ihren Servicekatalog in Excel auf.

Das ist bequem. Flexibel. Schnell.

Und hochgradig gefährlich.

Denn Excel ist trotz all seiner Stärken:

- nicht versionssicher
- nicht rollenbasiert steuernd
- nicht modellgetrieben
- nicht konsistenzprüfend

Es verhindert keine Inkonsistenzen. Es meldet keine strukturellen Konflikte. Es zeigt keine impliziten

Abhängigkeiten. Excel speichert Information. Es erzwingt keine Struktur.

Das ist ein fundamentaler Unterschied.

Wie der Artefakt-Zoo entsteht

Zu Beginn wirkt das harmlos. Mit jeder Iteration wird es komplexer:

- Ein Service wird geändert → Excel anpassen.
- Governance wird ergänzt → Word aktualisieren.
- Struktur verschiebt sich → PowerPoint neu zeichnen.
- Abhängigkeit verändert → Mindmap korrigieren.
- Tool anpassen → Konfiguration ändern.

Keine dieser Änderungen ist automatisch synchron. Es entsteht ein permanenter Übersetzungsaufwand. Und dieser Aufwand wächst exponentiell mit der Anzahl der Services.

Das eigentliche Risiko für Projektleiter

Sie verlieren Kontrolle über Konsistenz.

Und das ist gefährlich.

Denn Inkonsistenz erzeugt:

- politische Diskussionen
- Interpretationsspielräume
- Verantwortungsdiffusion
- Reporting-Konflikte

Ab diesem Punkt diskutieren Sie nicht mehr über Verbesserung. Sie diskutieren über Versionen. Und Ihr Projekt wird zum Pflegefall.

Der Denkfehler hinter dem Dokumenten-Wildwuchs

Der Denkfehler lautet: „Wir modellieren zuerst konzeptionell– und übertragen es später ins Tool." Das klingt logisch. Ist aber strukturell falsch. Denn sobald Konzept und Tool getrennt existieren, beginnt der oben genannte Drift.

Und Drift ist in ITSM ein Showstopper.

SEAMLESS-Ansatz

SEAMLESS ersetzt den Artefakt-Zoo nicht durch ein weiteres Dokument. Es ersetzt ihn durch ein führendes Modell. Die Daten liegen nicht in Excel. Sie liegen in einer strukturierten Datenbank. Services werden nicht beschrieben. Sie werden modelliert. Abhängigkeiten sind keine Mindmap-Grafik. Sie sind reale Beziehungen im System.

Governance ist kein Word-Text. Sie ist Regel im Modell.

Und wenn ein Management-Report benötigt wird? Dann wird er generiert.

Wenn ein Word-Dokument verlangt wird? Dann wird es erzeugt.

Wenn ein Excel-Export notwendig ist? Dann kommt er aus der Datenbasis.

Das Dokument ist nicht mehr die Quelle. Es ist nur noch das Abbild.

Der entscheidende Unterschied

Im klassischen ITSM-Tool: Dokument - Diskussion - Übersetzung - Tool - Drift

In SEAMLESS: Modell - Ableitung - Tool - Synchronität Das ist kein kosmetischer Unterschied. Das ist ein Paradigmenwechsel.

Warum das für Projektleiter überlebenswichtig ist

Solange Ihr ITSM-Modell in Office-Dateien lebt, werden Sie Koordinator von Inkonsistenzen. Sobald Ihr ITSM-Modell führend im System lebt, werden Sie Gestalter von Struktur. Und genau das entscheidet darüber, ob Ihr Projekt nach Go-live stabil bleibt – oder dauerhaft Pflege benötigt.

Fazit

PowerPoint ist kein Servicemodell. Excel ersetzt keine Governance. Und Mindmaps sind keine Architektur. Sie sind Hilfsmittel. Aber wenn Sie sie zum führenden Artefakt machen, verlieren Sie Steuerbarkeit. ITSM wird erst führbar, wenn das Modell vor dem Dokument steht. Und genau hier trennt sich Dokumentation von Gestaltung.

Mehr Details zu diesem Fallstrick

Buch: 2025 Design und Management von IT Services:

Kapitel 7.5,7.6 und 8.4

Buch: 2022 IT-Servicekatalog: Kapitel 14.1 - 14.3

„Wer Services beschreibt, muss sie noch lange nicht verstanden haben.

4

Service hängt an 47 Komponenten – und Sie kennen keine einzige

ITSM-Projekte: Die Falle der Komplexität

Sie glauben, Sie haben Ihre Services definiert. Der Servicekatalog steht. Die Owner sind benannt. Das Tool ist konfiguriert. Dann passiert der erste größere Incident. Ein Service fällt aus. Und plötzlich stellt sich die entscheidende Frage: „Wovon hängt dieser Service eigentlich ab?" Stille.

Die Illusion der Klarheit

In vielen ITSM-Projekten wird ein Service als Einheit betrachtet. „IT-Arbeitsplatz"

„E-Mail"

„SAP"

„Netzwerkzugang"

Auf dem Papier wirkt das klar. In der Realität besteht jeder dieser Services aus Dutzenden – manchmal Hunderten – Abhängigkeiten. Server. Datenbanken.

Netzwerksegmente. Lizenzen. Externe Provider. SLAs. Dokumentationen.

Supportgruppen. In der Theorie wissen alle, dass es diese Abhängigkeiten gibt. In der Praxis kennt sie niemand vollständig.

Das eigentliche Problem

Das Problem ist nicht, dass Abhängigkeiten existieren. Das Problem ist ihre Menge.

Sobald Sie beginnen, Services mit Configuration Items systematisch zu verbinden, steigt die Anzahl möglicher Verbindungen exponentiell.

50 Services.

450 CIs.

Die Anzahl möglicher Verbindungen liegt schnell im fünfstelligen Bereich. Und das sind nur direkte Verbindungen.

Berücksichtigen Sie zusätzlich:

- Service-zu-Service-Abhängigkeiten
- Service-zu-SLA-Abhängigkeiten
- CI-zu-Dokumentations-Abhängigkeiten
- Kostenabhängigkeiten verdoppeln oder verdreifachen den Aufwand.

Was in PowerPoint wie ein sauberer Dekompositionsbaum aussieht, wird in der Realität zu einem exponentiellen Pflegeproblem.

Der Moment, in dem Projekte kollabieren

Sie entscheiden sich für vollständige Modellierung. Das klingt professionell. Nach einigen Monaten stellen Sie fest:

- Die initiale Anlage verschlingt enorme Personentage.
- Jede Änderung erzeugt Folgeaufwand.
- Die Pflege übersteigt die Akzeptanz im Betrieb.
- Abhängigkeiten veralten schneller, als sie aktualisiert werden.

Und plötzlich lebt Ihre CMDB nur noch auf dem Papier. Das ist kein Einzelfall. Das ist ein strukturelles Muster.

Warum klassische Graphen nicht ausreichen.

Viele ITSM-Tools bieten Abhängigkeitsdiagramme. Das tun sie alle. Was sie meist nicht sauber abbilden können:

Ein Element kann in mehreren Kontexten gleichzeitig auftreten. Ein Server kann:

- Bestandteil von Service A sein,
- gleichzeitig Plattform für Service B, • gleichzeitig Kostenposition für Service C,
- gleichzeitig Teil eines Servicebündels.

Klassische Baumstrukturen erzwingen Eindeutigkeit. Die Realität ist jedoch kontextabhängig. Der entscheidende Unterschied: Kontext. Im Servicekatalog reicht oft eine reduzierte Abhängigkeitsmenge. In der Orchestrierung müssen multidirektionale Beziehungen sichtbar sein.

Genau hier scheitern viele Projekte. Sie modellieren entweder zu wenig – oder zu viel. Beides ist gefährlich.

Das Projektleiter-Dilemma

Wenn Sie zu wenig modellieren:	**Wenn Sie zu viel modellieren:**
• Ursachenanalyse dauert zu lange. • Tickets werden falsch geroutet. • Ticket-Bouncing entsteht. • SLAs sind kaum steuerbar.	• Pflegeaufwand explodiert. • Akzeptanz sinkt. • Daten veralten. • Governance wird bürokratisch.

Sie stehen zwischen Blindflug und Overengineering.

SEAMLESS-Ansatz

SEAMLESS nutzt ebenfalls Abhängigkeitsgraphen.

Das Besondere ist:

1. Elemente können mehrfach auftreten – in unterschiedlichen Kontexten.
2. Der Graph ist als kontextfähige Netzwerkstruktur konstruiert.
3. Ringschlüsse werden systemseitig verhindert.
4. Die Orchestrierungssicht ist vom Katalogkontext unterscheidbar.

Das ermöglicht:

- einen ganzheitlichen Blick,
- ohne doppelte Modellpflege,
- ohne logische Inkonsistenzen.

Ein Server kann gleichzeitig:

- Bestandteil eines IT-Services sein,
- Teil eines Servicebündels,
- SLA-relevant,
- kostenrelevant,
- dokumentationsgebunden.

Und dennoch bleibt das Modell konsistent. Nicht, weil man es diszipliniert pflegt. Sondern weil der Graph technisch dafür konstruiert wurde.

Der Paradigmenwechsel

Klassischer Ansatz: Wir verbinden alles – und hoffen, es bleibt pflegbar.

SEAMLESS: Wir modellieren kontextbewusst – und verhindern logische Fehler technisch.

Das ist der Unterschied zwischen manueller Komplexitätsverwaltung und strukturierter Komplexitätsbeherrschung.

Warum das überlebenswichtig ist

Wenn Ihr Abhängigkeitsmodell nicht stabil ist:

- verlieren Sie Ursachen-Transparenz.
- verlieren Sie Steuerbarkeit.
- verlieren Sie Glaubwürdigkeit im Incident.
- verlieren Sie Akzeptanz im Betrieb.

Wenn es zu komplex ist:

- verlieren Sie Zeit.
- verlieren Sie Motivation.
- verlieren Sie Datenqualität.

Der Sweet Spot liegt nicht in mehr Verbindungen. Er liegt in richtiger Struktur.

Fazit

Ihr Service hängt an 47 Komponenten. Vielleicht an 147. Vielleicht an 447. Die Frage ist nicht, ob das so ist. Die Frage ist: Kennen Sie die relevanten – und können Sie sie pflegen? ITSM wird nicht an fehlenden Tools scheitern.

Es scheitert an unbeherrschter Komplexität. Und genau hier entscheidet sich, ob Sie dokumentieren – oder steuern.

Mehr Details zu diesem Fallstrick

Buch: 2025 Design und Management von IT-Services: Kapitel 4.6-4.7

Buch: 2022 IT-Servicekatalog: Kapitel 11.6.5

Buch: 2016 Management von Service Level Agreements: 5.1 - 5.2

„

Komplexität
verschwindet nicht
– sie verschiebt sich
nur in den Blindflug.

5

Fallstrick: Neue Services entstehen. Alte sterben nie. Ihr Lifecycle ist außer Kontrolle.

Servicekatalog-Chaos nach dem Go-Live

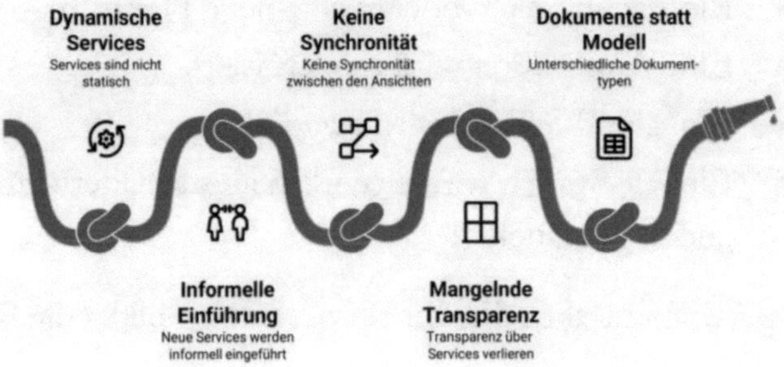

Ihr Servicekatalog ist live. Go-live war erfolgreich. Der Vorstand ist zufrieden. Das Projekt wird offiziell abgeschlossen. Und genau in diesem Moment beginnt das eigentliche Problem. Denn Services sind nicht statisch.

Die Realität nach dem Go-live

Neue Anforderungen entstehen.

- Ein Fachbereich möchte eine neue Plattform.
- Eine Applikation wird modernisiert.
- Ein Cloud-Service wird eingeführt.
- Ein Alt-System wird eigentlich abgeschaltet – aber „noch gebraucht".

Und plötzlich merken Sie: Ihr Servicekatalog bildet die Realität nicht mehr sauber ab.

Einige Services sind veraltet. Andere sind geplant, aber noch nicht offiziell. Wieder andere sind in Entwicklung – tauchen aber nirgendwo auf. Was fehlt, ist kein Tool. Was fehlt, ist Lifecycle-Steuerung.

Der strukturelle Denkfehler

Viele ITSM-Organisationen behandeln den Servicekatalog wie ein abgeschlossenes Produkt. „Das ist unser Portfolio." Das klingt stabil. Ist aber illusionär.

Ein Serviceportfolio ist niemals fertig. Technologien ändern sich. Geschäftsprozesse ändern sich. Schnittstellen ändern sich. Cloud-Angebote verschieben Verantwortlichkeiten. Wenn Sie versuchen, Stabilität über statische Kataloge zu erzwingen, erzeugen Sie nur Schattenlisten.

Was dann typischerweise passiert

- Neue Services werden informell eingeführt.
- Eine Excel-Liste entsteht mit „geplanten Services".
- Projektartefakte dokumentieren Übergangslösungen.
- In Meetings wird über „zukünftige Services" gesprochen.
- Der offizielle Servicekatalog bleibt unverändert.

Sie haben plötzlich:

- einen offiziellen Katalog
- einen inoffiziellen Planungsbereich
- eine Projektsicht
- eine technische Sicht

Und keine Synchronität.

Warum das gefährlich ist

Ohne saubere Lifecycle-Zuordnung verlieren Sie:

- Transparenz über geplante Services
- Übersicht über veraltete Services
- Steuerbarkeit bei Ablösungen
- Klarheit bei Übergängen

Und spätestens bei einem Audit stellt sich die Frage: „Welche Services sind offiziell?“

Wenn Sie diese Frage nicht eindeutig beantworten können, ist Ihr Modell instabil.

Das Service-Backlog als strukturelle Antwort

In der Praxis hat sich deshalb ein Service-Backlog bewährt.

Ein Service-Backlog ist:

- eine strukturierte Sammlung geplanter Services
- eine Vorstufe zum offiziellen Katalog
- ein transparenter Entwicklungsbereich Es trennt klar zwischen:
- produktiven Services
- geplanten Services
- überarbeiteten Services

- temporär pausierten Services

Und genau diese Trennung stabilisiert Ihr Lifecycle-Modell.

Das Projektleiter-Problem

In vielen Organisationen ist das Service-Backlog jedoch: eine Liste. Eine Excel-Tabelle. Ein SharePoint-Dokument. Ein Wiki-Bereich. Damit entsteht erneut das Problem: Dokumente statt Modell.

Ein Service wechselt den Status – und mehrere Artefakte müssen angepasst werden. Das führt dazu, dass LifecycleÜbergänge verzögert oder gar nicht sauber vollzogen werden. Services bleiben im Katalog, obwohl sie faktisch abgeschaltet sind. Oder sie sind produktiv, tauchen aber offiziell noch nicht auf. Beides ist Governance-Risiko.

SEAMLESS-Ansatz

In SEAMLESS ist der Lifecycle kein Textfeld. Er ist Teil der Modellstruktur.

In der integrierten Mindmap-Struktur existiert ein eigener Bereich: Service-Backlog.

Services können dort strukturiert abgelegt werden

– kategorisiert nach Lifecycle-Phase.

Und das Entscheidende:

Der Übergang vom Backlog in den offiziellen Servicekatalog erfolgt per Drag & Drop.

Kein Kopieren.

Kein Neu-Anlegen.

Keine doppelte Pflege.

Ein Service wird verschoben – und ändert damit seinen offiziellen Status im Modell.

Ebenso können Services schnell aus dem Katalog genommen und zurück ins Backlog verschoben werden. Das erzeugt:

- Transparenz
- Geschwindigkeit
- klare Lifecycle-Zuordnung
- revisionsfähige Struktur

Der Service bleibt derselbe. Nur sein Kontext ändert sich.

Der entscheidende Unterschied

Klassischer Ansatz: Service entsteht → wird dokumentiert → irgendwann übertragen → irgendwann vergessen.

SEAMLESS: Service existiert immer im Modell – nur sein Lifecycle-Zustand verändert sich.

Das ist ein fundamentaler Unterschied. Nicht organisatorisch. Strukturell.

Warum das überlebenswichtig ist

Wenn Ihr Lifecycle nicht klar modelliert ist:

- werden Services nie sauber abgeschaltet.
- bleiben veraltete Leistungen im Katalog.
- entstehen Schattenstrukturen.
- verlieren Sie Glaubwürdigkeit.

Wenn Ihr Lifecycle modellbasiert gesteuert wird:

- Können Sie flexibel reagieren.
- bleiben Katalog und Realität synchron.
- Behalten Sie Transparenz.

Und Transparenz ist im ITSM kein Luxus. Sie ist Überlebensbedingung.

Fazit

Neue Services entstehen ständig. Alte sterben selten freiwillig. Ohne strukturiertes Lifecycle-Modell wird Ihr Serviceportfolio unkontrollierbar. Ein Servicekatalog ist kein

Denkmal. Er ist ein lebendiges System. Und nur wenn Sie Bewegung strukturell beherrschen, bleibt Ihr Projekt langfristig stabil.

Mehr Details zu diesem Fallstrick

Buch: 2025 Design und Management von IT-

Services: Kapitel 7.3

Buch: 2022 IT-Servicekatalog: Kapitel 7.1-7.2

> Services ohne Lifecycle werden irgendwann von ihrer eigenen Vergangenheit erdrückt.

6

Fallstrick: Service Owner ohne Daten sind nur Titelträger

Herausforderungen bei der Einführung von Service Ownern

Sie benennen Service Owner. Das gehört heute dazu. Jeder Service bekommt einen Verantwortlichen. Organigramme werden angepasst. Rollenbeschreibungen formuliert.

Und alle sind zufrieden. Für etwa drei Wochen. Dann stellt der erste Service Owner eine einfache Frage: „Womit genau soll ich diesen Service steuern?“ Stille.

Die Illusion der Verantwortung

In vielen Organisationen wird die Rolle des Service Owners eingeführt, ohne die Umgebung bereitzustellen, die diese Rolle braucht. Man erwartet:

- strategische Weiterentwicklung
- Stabilität
- Kostenkontrolle
- Innovationsfähigkeit
- SLA-Einhaltung

Aber man liefert:

- keine konsolidierten Daten
- keine klare Abhängigkeitssicht
- kein Entscheidungs-Cockpit
- keine transparente Rollenabgrenzung

Der Service Owner trägt Verantwortung – aber hat kein Steuerpult. Das ist kein Empowerment. Das ist Dekoration.

Der strukturelle Fehler

Viele Organisationen verwechseln: Rollenbeschreibung mit Rollenbefähigung. Ohne

- Entscheidungsgrundlagen
- Datenbasis
- Kommunikationsplattform
- abgestimmte Befugnisse

wird der Service Owner zum Koordinator von Problemen – nicht zum Gestalter von Services.

Wie sich das im Projekt zeigt

Typische Symptome:

- Service Owner pflegen eigene Excel-Listen.
- Reports werden manuell zusammengesucht.
- Kosten, Budget und Ressourcen sind nicht konsistent.
- Zielvereinbarungen sind nicht transparent.
- Abhängigkeiten zu anderen Services bleiben diffus.

Und noch gefährlicher: Niemand weiß, wer wie viele Services verantwortet.

Ein Mitarbeiter betreut zwei Services. Ein anderer betreut zwölf. Ein dritter betreut drei unternehmenskritische Kernservices. Es entsteht ein stilles Kopfmonopol. Wenn diese Person ausfällt, steht das System. Das ist kein theoretisches Risiko. Das ist gelebte Praxis.

Warum Transparenz über Verantwortlichkeiten entscheidend ist

Wenn Sie mehrere Services auf verschiedene Personen verteilen, müssen Sie wissen:

- Wer verantwortet was?
- Wie viele Services trägt eine Person?
- Welche Services sind kritisch?
- Wo entstehen Überlastungen?

Ohne diese Transparenz entsteht:

- implizite Macht
- intransparente Abhängigkeit
- personelle Risikokonzentration

Ein ITSM-Modell, das Services verteilt, aber keine Verantwortungslandkarte liefert, ist strukturell unvollständig.

SEAMLESS-Ansatz

Wie SEAMLESS die Rolle strukturell verankert. In SEAMLESS wird die Rolle Service Owner nicht nur benannt. Sie wird systemisch abgebildet.

Die Rolle wird explizit im System angelegt und ist von „normalen“ Anwendern unterscheidbar.

Jeder Service Owner erhält:

- Rechte zur Organisation seines Services
- Möglichkeit, Vertreter zu benennen
- Berechtigung, servicebezogene Daten zu pflegen
- Transparenz über andere Service Owner und deren Services

Das Entscheidende

Jeder sieht, wer welche Services verantwortet. Und wie viele.

Damit wird sichtbar:

- Wo entstehen Konzentrationen?
- Wo entstehen Überlastungen?
- Wo entstehen potenzielle Kopfmonopole?

Diese Transparenz wirkt präventiv. Nicht politisch. Strukturell.

Der entscheidende Unterschied

Klassischer Ansatz: Rolle definieren → Dokument schreiben → Verantwortung übertragen → hoffen. SEAMLESS: Rolle modellieren → Rechte definieren → Transparenz schaffen → Steuerungsbasis liefern.

Das ist der Unterschied zwischen: organisatorischer Erwartung und systemischer Befähigung.

Warum das überlebenswichtig ist

Wenn Service Owner nur formal existieren:

- entstehen Schattensteuerungen.
- sammeln sich Excel-Listen.
- wachsen Kopfmonopole.
- wird Verantwortung personalisiert statt strukturiert.

Wenn Service Owner systemisch verankert sind:

- entstehen klare Verantwortungsräume.
- wird Überlastung sichtbar.
- können Vertreter sauber benannt werden.

- bleibt das Modell stabil.

ITSM ist kein Titelmanagement. Es ist Verantwortungsarchitektur.

Fazit

Ein Service Owner ohne Daten ist nur ein Titelträger. Ein Service Owner ohne Rechte ist nur ein Koordinator. Ein Service Owner ohne Transparenz ist ein Risiko. Wenn Sie diese Rolle einführen, müssen Sie sie strukturell verankern. Sonst schaffen Sie keine Steuerung. Sondern neue Komplexität.

Mehr Details zu diesem Fallstrick

Buch: 2025 Design und Management von IT-

Services: Kapitel 3.2 - 3.5

Buch: 2022 IT-Servicekatalog: Kapitel 7.2

„Verantwortung ohne Transparenz produziert Schuldige – aber keine Steuerung.

7

Fallstrick: Sie haben ein Tool gekauft – jetzt passt sich Ihr Unternehmen an das Tool an

ITSM-Implementierung: Wenn das Tool führt und nicht das Modell

Das Tool ist da. Lizenzvertrag unterschrieben.

Implementierungspartner beauftragt. Kick-off durchgeführt. Die Erwartung ist klar: „Jetzt professionalisieren wir unser IT Service Management.“ Und in gewisser Weise stimmt das. Tickets werden sauber erfasst. SLAs werden messbar. Dashboards entstehen. Reports werden automatisiert. Die Transparenz steigt. Und trotzdem stimmt etwas nicht.

Die unsichtbare Verschiebung

Nach einigen Monaten merken Sie: Prozesse werden nicht mehr diskutiert – sie werden so gestaltet, wie es das Tool vorsieht. Service-Strukturen orientieren sich an Datenmodellen. Rollen folgen Systemberechtigungen.

Workflows passen sich Standardmasken an. Nicht bewusst. Sondern schleichend. Ihr Unternehmen passt sich dem Tool an. Nicht umgekehrt.

Warum das passiert

ITSM ist historisch bottom-up entstanden. Monitoring. Ticketing. Reporting. Zuerst wurden Daten erzeugt. Dann ausgewertet. Dann interpretiert. Bedeutung entstand retrospektiv. Services wurden nicht gestaltet. Sie wurden aus Messpunkten abgeleitet. Und genau dieses Denken ist bis heute in vielen Tools verankert. Sie messen hervorragend.

Aber sie modellieren nicht. Das Problem ist nicht das Tool. Das Problem ist die Reihenfolge.

Wenn Sie:

1. Ein Tool auswählen
2. Dessen Datenmodell akzeptieren
3. Ihre Prozesse daran ausrichten
4. Ihre Organisation

danach strukturierendann entsteht kein Service-Modell. Es entsteht ein Toolgetriebenes Betriebsmodell. Und dieses Modell ist reaktiv, datenzentriert, berichtsfähig, aber nicht gestaltend.

Die Paradoxie der Transparenz

Dashboards werden umfangreicher. Kennzahlen detaillierter. Reports präziser. Doch die Fähigkeit, Services strategisch zu steuern, wächst nicht im gleichen Maß. Warum? Weil Daten nicht automatisch Struktur erzeugen. Sie erzeugen Information. Aber keine führende Architektur.

Der typische Projektverlauf

Sie entwickeln ein Servicekonzept. In PowerPoint. In Excel. Mit externen Beratern.

Sie definieren:

- Servicekatalog
- SLA-Modell
- Rollen
- Governance

Dann kommt die Implementierung. Das Konzept wird „ins Tool übersetzt". Und ab diesem Moment beginnt Drift. Das Tool lebt. Das Konzept liegt im Dokument. Mit jeder Änderung entfernen sich beide voneinander. Am Ende haben Sie: ein funktionierendes Ticketsystem und ein veraltetes Servicemodell.

Der strukturelle Denkfehler

Man glaubt, ITSM sei primär Tool-Implementierung. Ist es nicht. ITSM ist Struktur-Design.

Wenn das Modell nicht vor dem Tool steht, führt das Tool.

Und ein Tool führt immer innerhalb seiner eigenen Logik. Nicht innerhalb Ihrer Geschäftslogik.

Warum das gefährlich ist

Wenn das Tool die Struktur bestimmt:

- Passen sich Services dem Datenmodell an.
- werden Rollen technisch statt fachlich definiert.
- Entstehen Workarounds.
- wächst Customizing.

Sie glauben, Sie gestalten ITSM. In Wahrheit konfigurieren Sie Masken.

SEAMLESS-Ansatz

SEAMLESS ist kein ITSM-Ticketsystem. Es ist ein Modellierungs- und Verwaltungswerkzeug. Der Ausgangspunkt ist nicht: „Welche Tickets erfassen wir?“ Sondern: „Wie sieht die tatsächliche ServiceSicht des Kunden aus?“ SEAMLESS modelliert:

- Services als strukturierte Einheiten
- Abhängigkeiten
- Rollen
- Lifecycle
- Verantwortlichkeiten

Das Tool ist nicht führend. Das Modell ist führend.

Und aus diesem Modell können andere Systeme gespeist werden. Nicht umgekehrt.

Der entscheidende Unterschied

Bottom-up: Daten → Interpretation → Konzept →

Drift

SEAMLESS: Modell → Struktur → Ableitung → Synchronität

Das ist kein kosmetischer Unterschied. Das ist ein Perspektivwechsel.

Warum das für Projektleiter entscheidend ist

Wenn Sie ein Tool implementieren, das Ihre Organisation formt, verlieren Sie langfristig Gestaltungshoheit. Wenn Sie ein Modell implementieren, das Ihre Sichtweise abbildet, behalten Sie die Kontrolle. ITSM darf nicht aus

Reports entstehen. Es muss aus Struktur entstehen.

Fazit

Sie können das beste Tool kaufen. Wenn es Ihr Denken bestimmt, wird Ihr ITSM reaktiv bleiben. Tools messen.

Modelle führen. Und nur wenn das Modell vor dem Tool steht, überlebt Ihr Projekt.

Mehr Details zu diesem Fallstrick

Buch: 2025 Design und Management von IT-Services: Kapitel 1.4, 2.9

Buch: 2022 IT-Servicekatalog: Kapitel 2.1 - 2.7

”

Werkzeuge formen
Organisationen
stärker als Prozesse.

8

Fallstrick: Dokumentation im Nirgendwo

Fragmentierte Dokumentation: Ein IT-Problem

Redundante Daten

Widersprüchliche Informationen entstehen

Fehlende Referenzen

Verweise sind nicht aktuell

Manuelle Synchronisation

Prozesse sind nicht automatisiert

Schattenwissen

Mitarbeiter führen eigene Listen

Dokumente beschreiben

Sie steuern nicht

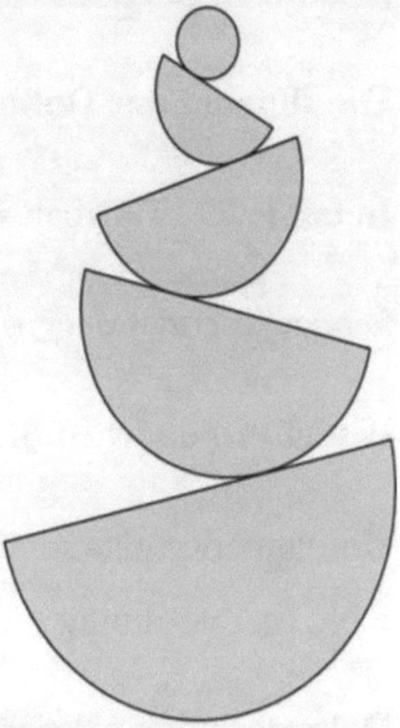

Sie fragen: „Wo ist die Servicedokumentation?“ Und bekommen mehrere Antworten.

„Im Dokumentenmanagement.“ „Im ITSM-Tool.“ „Im TicketSystem.“ „Im Wiki.“ „Im Projektordner.“ Alle haben recht. Und genau das ist das Problem.

Die Illusion der Dokumentation

In fast jeder IT-Organisation existiert viel Dokumentation.

Servicebeschreibungen. Architekturdiagramme.

Betriebshandbücher. SLA-Dokumente. Reports.

Konfigurationsdaten. Was fehlt, ist nicht Information. Was fehlt, ist Zuordnung.

Dokumentation existiert – aber sie ist nicht führbar.

Der strukturelle Fehler

Viele Organisationen vermischen:

- technische Stammdaten
- deskriptive Dokumentation
- operative Systemdaten
- Management-Reports

Ohne klar zu definieren, welches System für welche Informationsart führend ist.

Ergebnis:

- Redundanz
- widersprüchliche Versionen
- fehlende Referenzen
- manuelle Synchronisation

Und im Incident-Fall beginnt das Suchen.

Der Moment der Wahrheit

Ein kritischer Service fällt aus. Sie wollen wissen:

- Welche Systeme sind beteiligt?
- Welche Dokumentation ist aktuell?
- Welche Architektur ist gültig?
- Welche Workarounds existieren?

Und Sie stellen fest: Technische Daten liegen im ITSMTool. Architekturdiagramme im Dokumentenmanagement.

Servicebeschreibung im Wiki. SLA in einer separaten Datei. Keines dieser Systeme weiß voneinander. Sie haben Dokumente. Aber keine Architektur.

Warum das passiert

Dokumentation entsteht historisch. Projekte legen Ordner an. Betrieb schreibt Handbücher. Architekten zeichnen Diagramme. Service Manager pflegen Excel-Listen. Jeder erfüllt seine Aufgabe. Aber niemand definiert: Welches System ist führend?

Ohne diese Klärung entsteht eine fragmentierte Landschaft.

Das eigentliche Risiko

Wenn Sie keine klare Referenzstruktur haben:

- entstehen redundante Daten.
- widersprechen sich Informationen.
- verlieren Sie Vertrauen in die Dokumentation.
- entsteht Schattenwissen.

Und wenn Vertrauen verloren geht, beginnen Mitarbeiter eigene Listen zu führen. Excel wird zur Ersatzarchitektur. Dokumente sind keine Struktur Ein PDF kann korrekt sein.

Ein Word-Dokument kann vollständig sein. Eine Präsentation kann überzeugend sein.

Aber kein Dokument stellt sicher:

- dass technische Stammdaten konsistent sind.
- dass Beziehungen aktuell sind.

- dass Verweise stimmen.
- dass Versionen synchron bleiben.

Dokumente beschreiben. Sie steuern nicht.

SEAMLESS-Ansatz

Wie SEAMLESS die Ordnung herstellt. SEAMLESS ist die serviceorientierte Zugriffsschicht. Es ist kein

Ersatz für technische Systeme. Es ist kein Dokumentenablagesystem. Es ist das strukturierende Dach.

- konsolidiert die Sicht auf Services,
- referenziert technische Stammdaten,
- verweist auf deskriptive Dokumente,
- integriert operative Tools kontextuell.

Es speichert nicht alles selbst. Es ordnet. Das ist der entscheidende Unterschied.

Der Perspektivwechsel

Klassischer Ansatz: Dokumente sammeln →

Informationen suchen → Kontext manuell herstellen

SEAMLESS: Service auswählen → konsolidierte Sicht erhalten → referenzierte Quellen nutzen SEAMLESS wird zur Navigations und Modellierungsschicht. Nicht zur Dokumentensammlung.

Warum das für Projektleiter entscheidend ist

Wenn Dokumentation verteilt ist:

- steigt Suchaufwand
- entstehen Governance-Risiken.
- wachsen Audit-Probleme.

Wenn Dokumentation strukturiert referenziert ist:

- entsteht klare Verantwortlichkeit.
- bleibt technische Integrität erhalten.
- sinkt Redundanz.
- wird Steuerung möglich.

Dokumentation ist kein Archiv. Sie ist Führungsinstrument.

Fazit

Dokumentation im Nirgendwo ist kein Zufall. Sie ist das Ergebnis fehlender Architektur.

Wenn Sie nicht definieren,

- welches System wofür führend ist,
- wie Informationen referenziert werden,
- wie Services strukturell verankert sind,

wird Dokumentation immer fragmentiert bleiben. ITSM scheitert nicht an fehlenden Informationen. Es scheitert an fehlender Zuordnung. Und genau hier beginnt Struktur.

Mehr Details zu diesem Fallstrick

Buch: 2025 Design und Management von IT-Services: Kapitel 7.4

Buch: 2022 IT-Servicekatalog: Kapitel 8.1

”

Information ohne Kontext erzeugt mehr Unsicherheit als Klarheit.

9

Fallstrick: Servicekatalog: Struktur oder Sammelstelle?

Servicekatalog-Chaos: Ein häufiges ITSM-Problem

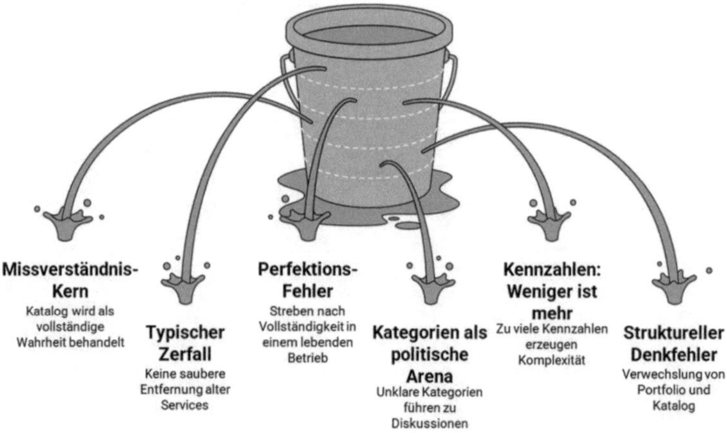

Fast jedes ITSM-Projekt endet mit einem Servicekatalog. Er wird veröffentlicht. Er wird gestaltet. Er wird präsentiert. Und alle sind stolz.

Bis drei Monate später die erste Diskussion beginnt:

„Warum ist dieser Service hier einsortiert?"

„Warum heißt er so?"

„Warum gibt es zwei ähnliche Einträge?"

„Warum fehlen neue Services?"

Und plötzlich wird der Servicekatalog zur Dauerbaustelle.

Der Missverständnis-Kern

Ein Servicekatalog ist eine Gruppierung von Services für unterschiedliche Rollen – Anwender, Controller, CIOs. Er ist eine veröffentlichte Sicht. Nicht das vollständige Portfolio. Doch genau hier liegt das Problem. Viele Organisationen behandeln den Servicekatalog als:

- vollständige Wahrheit
- einziges Register
- zentrales Ablagesystem

Damit überladen sie ihn. Und er wird zur Sammelstelle.

Der typische Zerfall

Zu Beginn wird strukturiert gearbeitet. Es gibt Kategorien. Es gibt Beschreibungen. Es gibt Zuständigkeiten. Doch dann:

- Neue Services entstehen.
- Alte Services werden nicht sauber entfernt.
- Kategorien werden diskutiert.
- Synonyme entstehen.
- Kennzahlen wachsen.

Und jedes Mal wird direkt im Servicekatalog operiert. Das führt zu permanenter Restrukturierung.

Der Perfektions-Fehler

Viele Projektteams streben Vollständigkeit an. Das ist verständlich. Aber in einem lebenden IT-Betrieb ist Vollständigkeit nur eine Momentaufnahme. Deshalb braucht ein Servicekatalog Designtoleranz:

- flexible Servicestruktur
- Service Backlog
- Servicenamensarchiv

Ohne diese Toleranzen wird jede Änderung zur Grundsatzdiskussion.

Kategorien als politische Arena

Servicekategorien wirken harmlos.

„Workplace“

„Support“

„Infrastructure“

Doch sobald sie nicht sauber definiert sind, beginnen Diskussionen. Und diese Diskussionen führen zu:

- Umbauten
- Verschiebungen
- Unruhe im Reporting

Stabile Kategorien benötigen klare Definitionen,

Nutzenargumentation und beschriebene Merkmale. Das ist kein Bürokratismus. Das ist Stabilisierung.

Kennzahlen: Weniger ist mehr

Ein weiterer typischer Fehler: Zu viele Kennzahlen

Verfügbarkeit. Erstlösungsquote. First-Level-Quote Gesamtlösungsquote. Zufriedenheit. Termintreue. Alles sinnvoll. Aber wenn interne Kennzahlen nicht mit externen SLAs harmonieren, entsteht Inkonsistenz. Mehr Metriken bedeuten nicht mehr Steuerung. Sie bedeuten mehr Komplexität.

Der strukturelle Denkfehler

Der größte Fehler liegt tiefer: Man verwechselt

Serviceportfolio und Servicekatalog. Das Portfolio ist die Gesamtheit aller Services. Der Servicekatalog ist eine veröffentlichte Teilmenge. Wenn beides identisch ist, fehlt Struktur.

SEAMLESS-Ansatz

Wie SEAMLESS es strukturell trennt. In SEAMLESS wird jeder Service zunächst im Serviceportfolio registriert. Das Portfolio ist:

- vollständig
- modelliert
- unabhängig von Veröffentlichung

Von dort aus können Services in beliebige Strukturen überführt werden. Diese Strukturen nennen wir Serviceframes. Ein Servicekatalog ist nichts anderes als ein Serviceframe:

- Er nimmt eine veröffentlichte Teilmenge aus dem Portfolio.
- Er ordnet diese in eine definierte Struktur.
- Er stellt sie zielgruppengerecht dar.

Der Service bleibt derselbe. Er wird nicht kopiert. Er wird kontextualisiert.

Zielgruppenorientierte Darstellung

Nicht jeder benötigt alle Attribute eines Services.

Ein CIO benötigt:

- Kosten
- Kennzahlen
- strategische Einordnung

Ein Anwender benötigt:

- Leistungsbeschreibung
- Bestellmöglichkeit
- Kontakt

In SEAMLESS können Attribute je nach Serviceframe ein- oder ausgeblendet werden.

Der Service bleibt konsistent. Die Darstellung variiert.

Der Paradigmenwechsel

Klassischer Ansatz:

Servicekatalog = zentrale Wahrheit

- permanente Umbauten
- Diskussionen
- Instabilität

SEAMLESS Ansatz:

Serviceportfolio = strukturelle Wahrheit

Serviceframe = kontextuelle Darstellung

Servicekatalog = veröffentlichte Sicht

Das ist eine klare Trennung von Modell und Darstellung.

Warum das überlebenswichtig ist

Wenn Ihr Servicekatalog alles sein soll:

- wird er überladen.
- wird er politisch.
- wird er instabil.
- verliert er Akzeptanz.

Wenn er eine definierte Teilmenge ist:

- bleibt er stabil.
- bleibt das Portfolio konsistent.
- werden Diskussionen entpolitisiert.
- bleibt Governance handhabbar.

Fazit:

Ein Servicekatalog ist kein Fundament. Er ist ein Schaufenster. Struktur entsteht im Portfolio. Stabilität entsteht im Frame.

Transparenz entsteht im Katalog.

Und erst wenn diese Ebenen getrennt sind, wird Ihr Servicekatalog zu einem Führungsinstrument – und nicht zur Dauerbaustelle.

Mehr Details zu diesem Fallstrick

Buch: 2025 Design und Management von IT

Services: Kapitel 4.3

Buch: 2022 IT-Servicekatalog: Kapitel 5.1

”

Wenn alles als Service tituliert wird, ist nichts mehr steuerbar.

10

Fallstrick: Wie machen es andere? Und warum Kopieren gefährlich ist.

Wie sollten Servicekataloge erstellt werden?

Viele ITSM-Projektleiter stellen irgendwann dieselbe Frage: „Wie machen es andere?" Und dann beginnt die Recherche. Man sucht Servicekataloge. Man schaut in Fachbücher. Man analysiert veröffentlichte Servicebeschreibungen. Man übernimmt Strukturen. Auf den ersten Blick wirkt das sinnvoll. Auf den zweiten Blick ist es gefährlich.

Die trügerische Vergleichbarkeit

Servicekataloge enthalten oft hunderte Services mit klarer Struktur:

- Servicebeschreibung
- Service Inhalte
- Serviceumfang
- Nutzen
- Optionen
- Service Level
- Zuständigkeiten
- Responsibility Matrix
- Abhängigkeiten

Auf dem Papier sehen sie ähnlich aus. Doch kein IT-Betrieb funktioniert identisch. Warum? Weil Organisationen unterschiedlich ticken. Der Kern eines Services ist einfach

Wenn man alles reduziert, besteht ein Service aus drei stabilen Elementen:

1. Sachliche Servicebeschreibung
2. Service Levels
3. Zuständigkeiten

Alles andere ergibt sich aus dem Kontext. Attribute sind nicht universell. Ein Service im Katalog benötigt andere Attribute als derselbe Service im SLA. Ein Service im Reporting benötigt andere Attribute als im operativen Betrieb. Ein Service in der Governance-Diskussion benötigt andere Attribute als im Self-Service-Portal. Ein Service ist nicht seine Attributliste. Er ist sein Kern. Die Attribute sind kontextuelle Projektionen.

Der Kopier-Fehler

Wenn Organisationen fremde Servicekataloge übernehmen, passiert Folgendes:

- Sie kopieren Attribute.
- Sie übernehmen Kategorien.
- Sie übernehmen Responsibility-Matrizen.
- Sie übernehmen SLAs.

Aber sie übernehmen nicht:

- Kultur
- Governance-Reife
- Rollenverständnis
- Verantwortungsstruktur

Das führt zu:

- überladenen Servicebeschreibungen
- künstlichen SLAs
- unklaren Zuständigkeiten
- formal korrekten, aber praktisch irrelevanten Katalogen

Der Service sieht professionell aus. Er ist aber nicht integriert.

Das stille Problem der Zuständigkeiten

Zuständigkeiten sind das sensibelste Element eines Services. Denn sie berühren:

- Macht
- Budget
- Verantwortung
- Haftung
- Eskalation

Wenn Sie diese Struktur kopieren, kopieren Sie implizit ein Governance-Modell. Und das funktioniert nur, wenn Ihre

Organisation identisch aufgebaut ist. Was sie nie ist. Warum Vergleich trotzdem wichtig ist. Vergleich ist nicht falsch. Er ist sogar notwendig. Aber er dient nicht zum Kopieren. Er dient zur Inspiration.

Ein fremder Servicekatalog zeigt:

- mögliche Strukturvarianten
- mögliche Kennzahlen
- mögliche SLA-Formen
- mögliche Rollenmodelle

Er zeigt Möglichkeiten. Keine Blaupause.

SEAMLESS-Ansatz

Wie SEAMLESS strukturell damit umgeht. In SEAMLESS wird der Service zunächst auf seinen Kern reduziert:

- sachliche Beschreibung
- Service Levels
- Zuständigkeiten

Dieser Kern ist stabil. Von dort aus entstehen kontextabhängige Sichten.

Ein Service im:

- Servicekatalog
- SLA-Dokument
- Reporting
- Governance-Review
- Audit

kann unterschiedliche Attribute anzeigen. Der Service bleibt derselbe. Die Darstellung variiert.

Der entscheidende Perspektivwechsel

Klassisches Denken: Service = Liste von Attributen Modellbasiertes Denken: Service = Kern + kontextuelle Attribute

Wenn Sie das verstehen, wird Ihr Servicekatalog automatisch schlanker. Ihre SLAs werden präziser. Ihre Zuständigkeiten klarer. Ihre Governance stabiler.

Warum das für Projektleiter überlebenswichtig ist

Wenn Sie kopieren:

- verlieren Sie Zeit.
- erzeugen Sie Widerstand.
- chaffen Sie künstliche Komplexität.

Wenn Sie modellieren:

- entsteht Klarheit.
- entsteht Anpassungsfähigkeit.
- entsteht strukturelle Konsistenz.

Und genau das unterscheidet ein ITSM-Projekt, das gut aussieht, von einem, das funktioniert.

Fazit

Wie machen es andere? Sie machen es anders. Und genau deshalb dürfen Sie nicht kopieren. Services sind vergleichbar. Organisationen sind es nicht. Ein Service besteht aus seinem Kern. Alles andere ist Kontext. Und nur wenn Sie Kern und Kontext trennen, überlebt Ihr Servicemodell langfristig.

Mehr Details zu diesem Fallstrick

Buch: 2025 Design und Management von IT-

Services: Kapitel 3.5

Buch: 2022 IT-Servicekatalog: Kapitel A.1 – A.8

”

Best Practices funktionieren am besten in der Organisation, die sie eigens dafür hervorgebracht hat.

11

Fallstrick: Vendor Lock-in – Wie klassische ITSM-Tools Organisationen gefangen nimmt

ITSM-Backbone löst Herstellerabhängigkeit

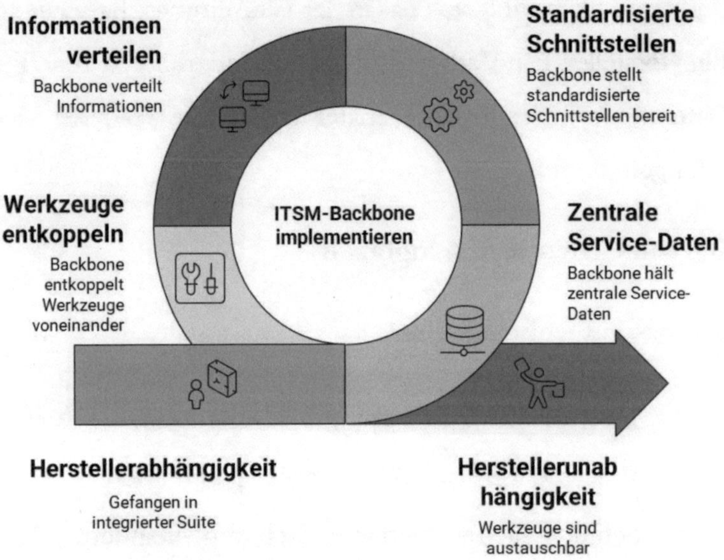

Am Anfang klingt es vernünftig.

„Wir kaufen eine integrierte Suite."

„Alles aus einer Hand."

„Keine Schnittstellenprobleme."

„Best Practice integriert."

Und tatsächlich fühlt sich das in der Einführungsphase gut an. Ein Hersteller. Ein Vertrag. Ein Implementierungspartner. Ein Datenmodell. Doch Jahre später stellen Sie fest: Sie sind gefangen.

Die schleichende Abhängigkeit

Was passiert typischerweise?

- Individuelles Customizing wird aufgebaut.
- Prozesse werden auf das Tool zugeschnitten.
- Schnittstellen werden spezifisch implementiert.
- Datenmodelle werden proprietär erweitert.

Jede Erweiterung bindet Sie stärker. Jede Anpassung erschwert den Ausstieg. Und irgendwann lautet die Frage nicht mehr: „Ist das Tool noch das richtige?"

Sondern: „Können wir es uns überhaupt leisten zu wechseln?"

Das Schnittstellenproblem

In vielen IT-Organisationen entstehen zahlreiche individuelle Schnittstellen mit hohem Wartungsaufwand. Jedes neue Tool benötigt:

- neue Integrationen
- neue Tests
- neue Datenabgleiche
- neue Wartung

Die Architektur wird komplex. Und Komplexität kostet. Nicht nur Geld. Auch Steuerbarkeit.

Die Illusion der Suite

Viele Organisationen reagieren darauf mit einer KomplettSuite. Kurzfristig entsteht Integration. Langfristig entsteht Hersteller-Lock-in.

Sie sind abhängig von:

- Preisgestaltung
- Releasezyklen
- Produktstrategie
- Integrationsfähigkeit

Und Sie nutzen oft nicht die besten Werkzeuge. Sondern die am besten integrierbaren.

Der strukturelle Denkfehler

Die meisten ITSM-Architekturen denken werkzeugzentriert. Tool A spricht mit Tool B. Tool B spricht mit Tool C. Tool C spricht mit Tool D. Es entsteht ein Geflecht. Was fehlt, ist ein ITSM-Backbone.

Der ITSM-Backbone

Ein ITSM-Backbone folgt dem Bus-Prinzip. Nicht jedes Tool spricht mit jedem. Jedes Tool spricht mit dem Backbone.

Der Backbone:

- hält zentrale Service-Daten
- stellt standardisierte Schnittstellen bereit
- verteilt Informationen
- entkoppelt Werkzeuge voneinander

Werkzeuge werden austauschbar. Warum serviceorientiert? Der Backbone ist servicebezogen. Nicht ticketbezogen. Nicht workflowbezogen. Nicht toolbezogen. Sondern Servicebezogen! Der Service wird zur stabilen Referenz. Werkzeuge nutzen Services. Nicht umgekehrt.

Die Anforderungen an eine solche Architektur

Eine überlebensfähige Architektur muss:

- Herstellerabhängigkeit auflösen
- Customizing reduzieren
- Funktionsautonomie der Werkzeuge erhalten
- Kosten dauerhaft senken
- Austauschbarkeit ermöglichen
- Zukunftsfähigkeit sicherstellen

SEAMLESS-Ansatz

Wie SEAMLESS die Backbone-Rolle übernimmt. SEAMLESS kann die Rolle des ITSM-Backbones übernehmen. Die Service-Daten liegen strukturiert in einer zentralen Datenbank. Sie sind nicht an ein einzelnes operatives Werkzeug gebunden. Über standardisierte REST-APIs können sie abgeholt und verteilt werden. SEAMLESS wird damit:

- Datenpool
- Service-Modell
- Referenzsystem
- Integrationsanker

Operative Werkzeuge bleiben funktional

eigenständig. Sie werden nicht ersetzt. Sie werden angebunden. Wenn ein Werkzeug ersetzt werden muss, bleibt der Backbone stabil.

Der wirtschaftliche Effekt

- Schnittstellenmenge sinkt
- Komplexität sinkt
- Austauschfähigkeit steigt
- Kosten sinken
- Zukunftsfähigkeit steigt

Das Entscheidende ist nicht die Technik. Es ist die Verhandlungsmacht. Wenn Sie Werkzeuge austauschen können, verhandeln Sie anders.

Warum das für CIOs entscheidend ist

Vendor Lock-in ist kein Toolproblem. Es ist ein strategisches Risiko. Nur wenn die Architektur Austausch erlaubt, bleibt die IT steuerbar.

Fazit

Werkzeuge entwickeln sich. Organisationen entwickeln sich. Wenn Ihre Architektur nicht mitentwicklungsfähig ist, entstehen Abhängigkeiten.

Ein serviceorientierter ITSM-Backbone

- entkoppelt Werkzeuge
- reduziert Komplexität
- erhöht Austauschbarkeit
- schützt vor Herstellerabhängigkeit

Und genau das unterscheidet eine implementierte Lösung von einer überlebensfähigen Architektur.

Mehr Details zu diesem Fallstrick

Buch: 2025 Design und Management von IT-Services: Kapitel 7.5.1

Buch: 2022 IT-Servicekatalog: Kapitel 1.4

„Herstellerab-
hängigkeit
keit führt zu
technischen
Monopolen, die
notwendige
Veränderungen
verzögern oder

12

Fallstrick: Bedienbarkeit – Warum klassische ITSM-Tools an der Fläche scheitern

ITSM-Tool-Akzeptanz scheitert aufgrund von Komplexität

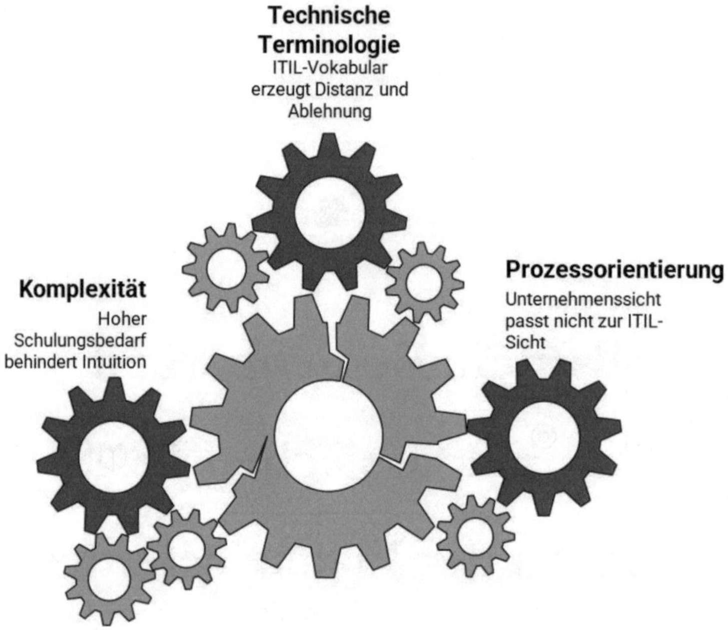

Sie haben das Tool eingeführt. Die Prozesse definiert. Die Rollen beschrieben. Die Governance aufgesetzt. Und dann passiert Folgendes: Nur Spezialisten nutzen das System. Der Rest umgeht es.

Das stille Scheitern

ITSM-Tools sind häufig:

- komplex
- rollenlastig
- prozessorientiert
- maskengetrieben
- begriffsintensiv

Sie wurden für Administratoren, Prozessmanager und ITSMExperten entwickelt. Nicht für Fachbereiche, Projektleiter, Controller, Legal oder Management. Und genau dort beginnt das Problem.

Wenn Bedienbarkeit zur Barriere wird

Was passiert typischerweise?

- Fachbereiche liefern Informationen per E-Mail.
- Service Owner führen Parallel-Excel-Listen.
- SLA-Abstimmungen erfolgen außerhalb des Tools.

- Dokumente werden separat gepflegt.

Das Tool bleibt formal führend. Praktisch wird es umgangen. Die Ursache ist strukturell. Viele ITSM-Tools denken prozessorientiert. Sie sind aufgebaut nach Incident, Problem, Change, Request und Configuration. Das ist logisch aus ITILSicht. Aber es ist nicht logisch aus Unternehmenssicht. Ein Fachbereich denkt nicht in Change Records. Er denkt in Leistungen, Verantwortlichkeiten und Reaktionszeiten.

Die Begriffsbarriere

Technische Terminologie und ITIL-Vokabular erzeugen Distanz. Wenn Begriffe nicht zur Unternehmensrealität passen, entsteht Ablehnung.

Das Akzeptanz-Paradoxon

Je komplexer ein ITSM-Tool wird, desto stärker steigt der Schulungsbedarf. Doch Schulungen sind kein Ersatz für Verständlichkeit. Ein System, das nur nach Training nutzbar ist, ist kein intuitives System. Und Intuition ist entscheidend für Flächenakzeptanz, Governance-Durchdringung und Datenqualität. Der Unterschied zwischen Verwalten und Modellieren. Viele ITSM-Tools verwalten Prozesse.

SEAMLESS-Ansatz

SEAMLESS modelliert Services. Der Ausgangspunkt ist nicht das Ticket oder der Workflow. Der Ausgangspunkt ist der Service. Die zentrale Frage lautet nicht: „Welchen Prozess starte ich?“ Sondern:

„Welchen Service betrachte ich?“

Das ist näher an der Realität der Anwender.

Unternehmenssprache statt IT-Sprache

In SEAMLESS wird die Terminologie auf das Unternehmen zugeschnitten. Keine abstrakten ITIL-Begriffe. Keine fremden Kategorien. Sondern unternehmensspezifische Servicebezeichnungen, Rollen und Strukturen. Das senkt die Einstiegshürde drastisch. Der Beweis kommt aus der Fläche. Selbst Mitarbeitende aus dem Bereich Legal können SEAMLESS intuitiv bedienen. Das ist die Folge einer klaren Designentscheidung: Konsequente

Anwender- und Nutzersicht. Nicht Tool-Logik. Nicht Prozessdogmatik. Sondern Verständlichkeit.

Warum das für Projektleiter entscheidend ist

Wenn ein Tool nur von Experten bedient werden kann:

- Entsteht Abhängigkeit.
- sinkt Datenqualität.
- Wächst Schattenorganisation.
- verliert ITSM an Glaubwürdigkeit.

Wenn ein Tool flächentauglich ist:

- steigen Beteiligung und Transparenz.
- sinken Rückfragen.
- steigt Eigenverantwortung.
- Stabilisiert sich Governance.

Der strategische Punkt

Bedienbarkeit ist kein UX-Detail. Sie ist ein

Governance-Faktor. Ein ITSM-System, das nur die IT versteht, bleibt ein IT-System. Ein ITSMSystem, das das Unternehmen versteht, wird zur Managementplattform.

Fazit

ITSM-Tools scheitern nicht an Features. Sie scheitern an Verständlichkeit. Wenn Anwender denken müssen, verliert das System. Wenn Anwender intuitiv arbeiten können, gewinnt das Modell. Modellierung statt Prozessüberfrachtung.m Unternehmenssprache statt IT-Sprache. Anwendersicht statt Tool-Logik.

Und genau hier entscheidet sich, ob Ihr ITSM in der Fläche ankommt – oder nur in der IT bleibt.

Mehr Details zu diesem Fallstrick

Buch: 2025 Design und Management von IT-

Services: Kapitel 7.5.4

Buch: 2022 IT-Servicekatalog: Kapitel 7.5

”

Tools, die nur
Techniker verstehen,
werden von allen
Anwendern ignoriert.

13

Fallstrick: ToolCustomizing – Wie Sonderlocken Ihre Architektur zerstören

Customizing-Paradoxon in ITSM

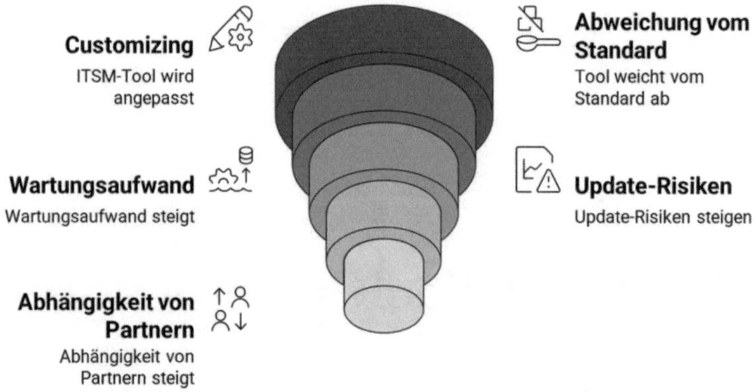

Es beginnt harmlos.

„Das brauchen wir noch zusätzlich."

„Das passt bei uns nicht ganz."

„Wir arbeiten anders."

„Das müssen wir speziell abbilden."

Und jedes Mal wird das ITSM-Tool angepasst. Ein Feld mehr. Ein Workflow mehr. Eine Sonderregel. Eine zusätzliche Schnittstelle. Customizing wirkt lösungsorientiert. Ist aber oft strukturell zerstörerisch.

Warum Customizing so attraktiv ist

Customizing verspricht:

- schnelle Akzeptanz
- individuelle Passgenauigkeit
- interne Konfliktvermeidung
- politische Ruhe

Wenn jemand sagt: „Wir arbeiten anders und brauchen das nicht", ist die einfachste Antwort: „Kein Problem. Wir bauen euch eine Sonderlösung." Kurzfristig ist das konfliktfrei. Langfristig ist es teuer.

Die versteckten Kosten

Jede Sonderlocke erzeugt:

- Abweichung vom Standard
- Wartungsaufwand
- Update-Risiken
- Abhängigkeit von Implementierungspartnern
- Dokumentationskomplexität

Mit jedem Release wird geprüft: „Funktioniert unser Customizing noch?“ Und mit jedem Update steigt die Nervosität.

Der strukturelle Denkfehler

Viele glauben: „Unser Unternehmen ist besonders.“

Das stimmt. Aber daraus folgt nicht: „Unser Tool muss individuell verbogen werden.“ Die meisten Sonderanforderungen entstehen nicht aus echtem Differenzierungsbedarf.

Sie entstehen aus:

- fehlender Modellklarheit
- unklarer Serviceabgrenzung
- unklarer Zuständigkeit

- politischem Widerstand

Wenn Struktur nicht verstanden wird, wird sie bekämpft. Und Customizing wird zur Kompromisslösung.

Das Customizing-Paradoxon

Je mehr Sie individualisieren, desto weniger standardisiert arbeiten Sie. Je weniger standardisiert Sie arbeiten, desto mehr Customizing benötigen Sie. Es entsteht eine Spirale. Am Ende haben Sie kein Standardprodukt mehr, sondern eine Sonderanfertigung. Und Sonderanfertigungen sind nicht skalierbar.

Warum ITSM-Tools hier an Grenzen stoßen

Klassische ITSM-Tools sind:

- prozessorientiert
- formulargetrieben
- workflowzentriert

Wenn das Unternehmen anders denkt als das Tool, bleibt nur:

- Anpassung des Unternehmens oder
- Anpassung des Tools

Und oft wird das Tool angepasst. Doch das Tool ist nicht dafür gebaut, als flexibles Modellierungswerkzeug zu dienen. Es verwaltet Prozesse. Es modelliert nicht frei.

Der Unterschied: Modellieren statt verbiegen

Wenn das Tool die Struktur vorgibt, muss es verbogen werden. Wenn ein flexibles Modell existiert, muss nicht das operative Werkzeug angepasst werden.

SEAMLESS-Ansatz

SEAMLESS folgt genau einen flexiblen Ansatz für die Modellierung. Nicht die operativen Werkzeuge.

SEAMLESS ermöglicht:

- flexible Service-Modellierung
- unternehmensspezifische Begriffe
- variable Strukturabbildung
- kontextabhängige Attributdarstellung

Die Werkzeuge bleiben standardisiert. Der Backbone bleibt stabil. Die Modellierung absorbiert die Vielfalt. Nicht das operative Tool.

- Wächst die Komplexität exponentiell.
- sinkt Updatefähigkeit.
- steigt Herstellerabhängigkeit.
- steigen Kosten.

Wenn Sie Sonderanforderungen modellieren:

- bleibt das operative Tool austauschbar.
- bleibt der Backbone stabil.
- bleibt Architektur zukunftsfähig.

Warum das für Projektleiter entscheidend ist

Customizing ist oft der bequemste Weg. Modellierung ist der nachhaltige Weg. Customizing löst Widerstand kurzfristig. Modellierung löst Strukturprobleme langfristig. Und genau hier entscheidet sich, ob Ihr ITSM-Projekt zu einer wartungsintensiven Sonderlösung wird oder zu einer skalierbaren Architektur.

Fazit

Sonderlocken fühlen sich harmlos an. Doch sie zerstören schleichend Ihre Architektur. Nicht jedes „Wir arbeiten anders“ braucht ein neues Feld. Manchmal braucht es nur eine saubere Modellierung. Standard im Werkzeug. Flexibilität im

Modell. Und genau das unterscheidet eine konfigurierte Lösung von einer architektonisch stabilen ITSM-Strategie.

Mehr Details zu diesem Fallstrick

Buch: 2025 Design und Management von IT-

Services: Kapitel 7.5.4

Buch: 2022 IT-Servicekatalog: Kapitel 7.5

"

Jede Ausnahme
im System wird
irgendwann zum
Standardproblem.

14

Fallstrick: Jeder sieht nur seinen Ausschnitt – und Excel wird zur Ersatzarchitektur

Excel-Chaos: Eine unsichtbare Gefahr

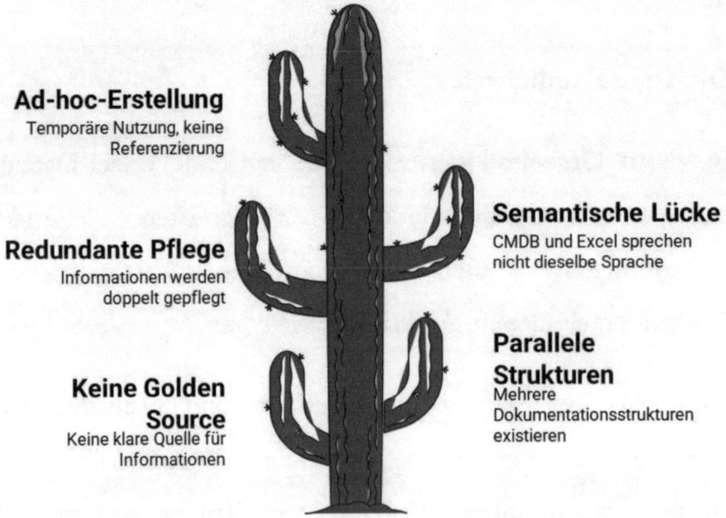

Es beginnt unspektakulär.

„Ich brauche nur schnell eine Liste."

„Nur für das Projekt."

„Nur für das Audit." „Nur zur Abstimmung." Und Excel ist da.

Die stille Parallelwelt

In vielen Organisationen existieren tausende Excel-Dateien zur Servicedokumentation. Systemlisten. Service Zuordnungen. Wiederanlaufreihenfolgen. Abhängigkeiten. Kostenberechnungen. Auditvorbereitungen.

Diese Dateien enthalten strukturierte und unstrukturierte Informationen, eigene Logiken, eigene Terminologien und eigene Berechnungen. Und sie sind nicht systematisch integriert.

Warum Excel nicht das Problem ist

Excel ist kein Feind. Excel ist flexibel. Excel ist schnell. Excel ist universell verständlich. Excel entsteht dort, wo:

- Systeme zu starr sind
- Modellierung fehlt

- Kontextinformationen nicht abgebildet werden können
- Rollen individuelle Sichten brauchen Excel ist Symptom. Nicht Ursache.

Die eigentliche Gefahr

Die Gefahr entsteht, wenn:

- keine klare Golden Source definiert ist
- parallele Dokumentationsstrukturen existieren
- Informationen redundant gepflegt werden
- niemand weiß, welche Liste aktuell ist

Dann wird Excel zur Ersatzarchitektur. Und Ersatzarchitekturen sind unsichtbar – bis sie kritisch sind.

Die semantische Lücke

Die zentrale Herausforderung liegt in der Lücke zwischen:

- formal definierten Configuration Items in der CMDB
- kontextbezogenen, impliziten Strukturen in Excel

Excel aggregiert. CMDB strukturiert. Excel denkt in Sichtweisen. CMDB denkt in Objekten. Diese beiden Welten sprechen nicht automatisch dieselbe Sprache.

Zwei Arten von Excel

Excel-Listen entstehen typischerweise auf zwei Wegen:

1. Strukturierter Weg:

- Projekt- oder Analyseartefakte
- geplante Überführung in zentrale Systeme
- klarer fachlicher Kontext

2. Ad-hoc-Weg:

- spontane Entstehung
- temporäre Nutzung
- individuelle Struktur
- keine formale Referenzierung

Der zweite Weg ist gefährlich. Denn er bleibt unsichtbar.

Der Workaround

Excel lässt sich kontrollieren, indem Referenzspalten wie Service, Applikation oder Server ergänzt werden. Ein Abgleich mit der CMDB kann Inkonsistenzen sichtbar machen:

- nicht mehr existierende Objekte
- Namensänderungen
- fehlende Referenzen

Das schafft Transparenz. Aber es bleibt ein Workaround. Und erzeugt zusätzlichen Wartungsaufwand.

Warum ITSM-Tools hier versagen

Klassische ITSM-Tools bieten keine flexible Möglichkeit für:

- spaltenbasierte Register
- individuelle Sichtweisen
- temporäre Aggregationen
- kontextabhängige Darstellungen

ohne massives Customizing.

Und Customizing führt zu neuer Komplexität.

SEAMLESS-Ansatz

SEAMLESS arbeitet mit sogenannten Service Frames. Ein Service Frame ist eine strukturierte Sicht auf registrierte Services. Er funktioniert wie eine Excel-Liste.

Mit einem entscheidenden Unterschied:

Die Services sind registriert.

Sie sind referenziert.

Sie sind immer aktuell.

Register, Zusatzspalten und Kontextinformationen lassen sich modellieren – nicht als Schattenliste, sondern als Teil der Architektur.

Der entscheidende Unterschied

Excel erzeugt Kopien. Service Frames erzeugen Sichten. Excel dupliziert Daten. Service Frames referenzieren Daten.

Das ist Architektur – nicht Dateiverwaltung.

Die strategische Erkenntnis

Excel wird nicht verschwinden. Und das muss es auch nicht. Aber Excel darf nicht zur tragenden Struktur werden. Wenn Excel Architektur ersetzt, verlieren Sie Steuerbarkeit. Wenn Excel nur Sicht ist, bleibt Architektur stabil.

Fazit

Jeder sieht nur seinen Ausschnitt. Ohne integriertes Modell entstehen parallele Realitäten. Excel ist nicht das Problem. Fehlende Modellierung ist das Problem.

Ein registriertes Serviceportfolio und modellierte Service Frames verwandeln Einzellisten in eine steuerbare Architektur.

Mehr Details zu diesem Fallstrick

Buch: 2025 Design und Management von IT-

Services: Kapitel 3.2.3

Buch: 2022 IT-Servicekatalog: Kapitel 8.2

”

Wo Struktur fehlt, entsteht automatisch eine Schattenarchitektur.

15

Fallstrick: KPIs messen alles – nur nicht Services

Die E2E-Illusion: KPIs täuschen über Serviceprobleme hinweg

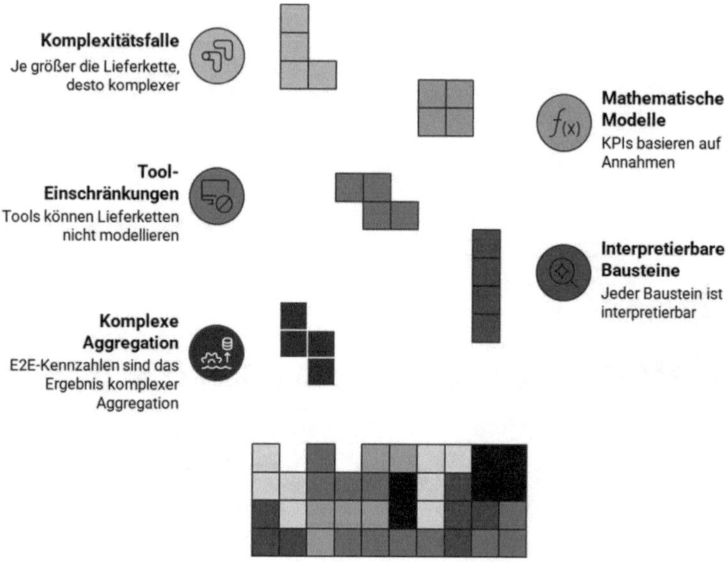

ITSM-Projekte lieben KPIs.

Dashboards.

Ampeln.

Trendlinien. Heatmaps.

Und irgendwann entsteht der Eindruck: „Wir haben alles im Griff."

Doch dann passiert etwas Unangenehmes. Der Service funktioniert für den Kunden nicht – obwohl alle KPIs grün sind.

Die E2E-Illusion

Ende-zu-Ende-Kennzahlen sind kein einzelner Messwert. Sie sind das Ergebnis einer komplexen Aggregation entlang der gesamten Lieferkette. Verfügbarkeit entsteht nicht einfach. Sie entsteht aus:

- Outages
- Incident-Logik
- RTO-Bewertung
- Monitoring-Definition
- Lieferanten-SLAs
- Kunden-SLAs

- Servicezeit
- Betriebszeit
- Prioritätenmodell

Und jeder dieser Bausteine ist interpretierbar.

Warum ITSM-Tools hier nicht reichen

Moderne ITSM-Tools können:

- Zeitstempel erfassen
- Tickets zählen
- SLA-Timer stoppen
- Reports erzeugen
- Prozentwerte berechnen

Was sie nicht können:

- Lieferketten modellieren
- KPI-Logiken transparent erklären
- Aggregationsannahmen sichtbar machen
- semantische Unterschiede auflösen
- Definitionen versionieren

Das Tool misst. Aber das Tool versteht nicht.

Das eigentliche Problem

KPIs sind mathematische Modelle. Und jedes Modell basiert auf Annahmen.

Beispiel:

Ist eine Prio-2-Störung automatisch ein Ausfall? Zählt Monitoring stärker als Anwenderfeedback? Ist RTO technisch oder geschäftlich definiert? Sind Servicezeiten harmonisiert? Diese Fragen sind Definitionsfragen – keine Messfragen.

Die Komplexitätsfalle

Je größer die Lieferkette, desto komplexer:

- interne Provider
- externe Dienstleister
- Subprovider
- Technischer Service
- Business Service

Und dann entsteht die zentrale Frage: Welche KPI gilt wirklich für den Kunden? Nicht jede Lieferanten-KPI taucht im Kunden-SLA auf. Manche werden aggregiert. Manche durchgereicht. Manche nur als Referenz genutzt. Diese Logik ist Architektur – nicht Reporting.

SEAMLESS-Ansatz

SEAMLESS misst nicht. Und genau das ist seine Stärke.

SEAMLESS:

- verwaltet Kennzahlen
- verwaltet Definitionen
- verwaltet Zusammenhäng
- zeigt, welche KPI zu welchem Service gehört
- zeigt, welche KPI in welchem SLA verwendet wird
- verwaltet Service-Level-Repositorys
- erlaubt das Laden standardisierter Service Levels

Messung bleibt im ITSM-Tool. Governance bleibt im Modell.

Der entscheidende Unterschied

ITSM-Tools beantworten: „Wurde die Zielzeit eingehalten?"

SEAMLESS beantwortet:

„Warum ist diese Zielzeit überhaupt definiert?"

„Woher kommt sie?"

„Welche Services nutzen sie?"

„Welche Lieferkette liegt dahinter?“

„Ist sie konsistent mit Servicezeit und Betriebszeit?“

Fazit

Das ist strategische Steuerung. KPI-Governance statt KPIHysterie. Viele Organisationen bauen KPI-Dashboards Wenige Organisationen bauen KPI-Architekturen.

Eine KPI-Architektur braucht:

- klare Definitionen
- Versionierung
- Zuordnung zu Services
- Zuordnung zu SLAs
- Transparenz über Aggregationslogik
- Repository nutzbarer Standardwerte

KPIs messen Symptome. Service-Modelle steuern Ursachen. Wenn Sie nur messen, sehen Sie Abweichungen. Wenn Sie modellieren, verstehen Sie Zusammenhänge.

Und genau dort entscheidet sich, ob Ihr Service Level Management ein Reporting-Mechanismus ist oder ein echtes Steuerungsinstrument.

Mehr Details zu diesem Fallstrick

Buch: 2025 Design und Management von IT-

Services: Kapitel 5.4

Buch: 2022 IT-Servicekatalog: Kapitel 12.1-12.3

Buch: 2016 Management von Service Level Agreements: 4.3-4.5

"

Was leicht messbar ist, wird gemessen und leider nicht das was wichtig ist

16

Fallstrick: SLAs ohne Bezug sind Beruhigungspillen

SLA-Erfüllung vs. Kundenerfahrung

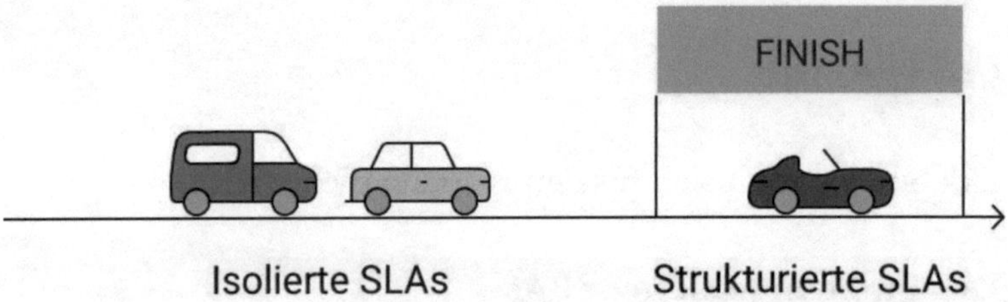

SLAs sehen beeindruckend aus.

99,8 % Verfügbarkeit.

15 Minuten Reaktionszeit.

2 Stunden Lösungszeit.

Servicezeiten.

Betriebszeiten.

Alles sauber dokumentiert. Alles vertraglich fixiert. Alles reportbar.

Und trotzdem:

Der Service fühlt sich für den Kunden nicht stabil an.

Das Problem isolierter SLAs

In klassischen ITSM-Umgebungen existieren:

- Kunden-SLAs
- Provider-SLAs
- OLAs
- Verträge
- Excel-Übersichten
- Lieferketten-Dokumentationen

Aber sie sind nicht strukturell miteinander verbunden. Die Zusammenhänge werden in:

- Excel-Tabellen
- PowerPoint-Folien
- persönlichen Notizen
- Mailverläufen g

epflegt. Das funktioniert – bis es komplex wird. Dann wird Excel zur Ersatzarchitektur.

Die gefährliche Illusion

Ein SLA ohne strukturellen Bezug beruhigt. Man kann sagen: „Wir haben doch 99,8 % vereinbart." Aber:

Zu welchem Service genau?

Für welche Serviceoption?

Mit welcher Lieferkette?

Mit welchem Provider?

Für welchen Kunden?

Mit welcher Version?

Mit welchen Abweichungen?

Ohne strukturellen Bezug ist ein SLA nur Text. Und Text skaliert nicht.

SEAMLESS-Ansatz

Was SEAMLESS strukturell anders macht

Services sind registriert. Kunden-SLAs sind strukturierte Serviceframes. Provider-SLAs sind strukturierte Serviceframes. Kennzahlen sind eindeutig zugeordnet. Lieferketten sind modelliert Services pro Kunde sind nachvollziehbar. Abweichungen sind sichtbar.

Ein SLA ist nicht mehr ein Dokument. Es ist eine strukturierte Teilmenge eines Serviceframes mit eindeutigem Bezug zur Supply Chain.

Supply Chain statt Excel-Matrix

In SEAMLESS wird die Providerverteilung pro Service strukturiert gepflegt. Supplier-Rollen werden definiert. Services bekommen ihre Providerzuordnung. Serviceoptionen können eigene Lieferketten haben. Derivate können eigene Strukturen haben.

Und dann passiert etwas Entscheidendes: Man kann sich die Supply Chain pro Kunde anzeigen lassen. Über alle

Services. Gefiltert.

Aggregiert. Versioniert. Das ist Architektur – nicht Tabellenpflege.

Kennzahlen mit echtem Bezug

Kennzahlen werden:

- dem Serviceframe zugeordnet
- dem Kunden-SLA zugeordnet
- dem Provider-SLA zugeordnet
- entlang der Supply Chain sichtbar gemacht

Abweichungen werden visuell dargestellt. Nicht als Gefühl. Nicht als Excel-Abgleich. Sondern als struktureller Vergleich. Die führenden Kennzahlen sind die aus dem Kunden-Serviceframe. Provider Werte werden dagegen gespiegelt. Das ist Governance.

Warum ITSM-Tools das nicht leisten. ITSM-Tools speichern:

- SLA-Wert
- Timer
- Reports

Was sie nicht leisten:

- strukturelle Verknüpfung von Kunden- und Provider-SLAs
- Supply-Chain-Transparenz pro Kunde
- visuelle Abweichungsanalyse
- Serviceframe-Logik

Das muss man sich selbst bauen. Oder man modelliert es strukturell.

Der strategische Unterschied

Ein isoliertes SLA sagt: „Wir erfüllen die Werte." Ein strukturiertes SLA-System sagt: „Wir verstehen die Zusammenhänge."

Ein isoliertes SLA beruhigt. Ein strukturiertes SLA steuert.

Fazit

ITSM-Projekte scheitern selten an Tools. Sie scheitern an fehlender Struktur.

An isolierten Dokumenten.

An Excel-Parallelwelten.

An KPI-Illusionen.

An Service-Definitionen ohne Modell. An SLAs ohne Bezug.

Struktur schafft Steuerbarkeit. Und Steuerbarkeit entscheidet, ob Service Management verwaltet oder geführt wird.

Mehr Details zu diesem Fallstrick

Buch: 2025 Design und Management von IT-Services: Kapitel 44

Buch: 2022 IT-Servicekatalog: Kapitel 7.2

Buch: 2016 Management von Service Level Agreements: 3.1

”

Verträge ohne Modell erzeugen Erwartungen, die niemand erfüllen kann.

17

Schlusswort: Struktur ist kein Selbstzweck. Sie ist Führung.

ITSM-Projekte scheitern an fehlender Struktur

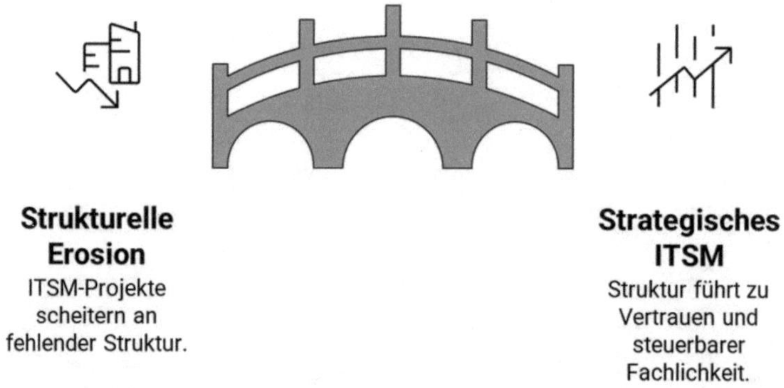

Dieses Buch war und ist kein Methodenhandbuch.

Es war ein Überlebensbuch.

Kein neues Framework.

Kein weiteres ITIL-Kompendium. Keine ideologische Diskussion.

Sondern eine nüchterne Beobachtung:

ITSM-Projekte scheitern selten an fehlenden Tools.

Sie scheitern selten an fehlendem Engagement. Und sie scheitern selten an fehlenden KPIs.

Sie scheitern an fehlender Struktur.

Die Muster wiederholen sich

Services werden definiert – aber nicht modelliert.

SLAs werden vereinbart – aber nicht verknüpft.

KPIs werden gemessen – aber nicht verstanden.

Excel wird genutzt – weil das System nicht trägt.

Tools werden angepasst – bis sie unbeherrschbar sind. Verantwortung wird verteilt – bis niemand mehr Überblick hat.

Und irgendwann entsteht das Gefühl:

„Es ist alles da – aber nichts greift ineinander.“ Genau dort beginnt strukturelle Erosion.

ITSM ist kein Toolthema.

ITSM ist auch kein Prozess-Thema.

ITSM ist ein Strukturthema.

Wer Struktur beherrscht:

- versteht Services als Einheiten mit Kontext
- sieht Lieferketten als Modelle, nicht als Listen
- versteht SLAs als Beziehungsgeflechte
- erkennt KPIs als logische Ableitungen
- verhindert Excel-Parallelwelten
- schützt sich vor Vendor-Lock-in
- schafft Transparenz ohne Komplexität zu verleugnen

Struktur ersetzt keine Fachlichkeit.

Aber sie macht Fachlichkeit steuerbar.

Warum dieses Buch provoziert

Es stellt unbequeme Fragen:

Was ist ein Service – wirklich?

Wer verantwortet was – transparent?

Welche KPI ist führend – und warum?

Welche Lieferkette trägt welches Risiko? Wo existieren parallele Realitäten?

Viele Probleme sind keine technischen Probleme.

Sie sind Modellierungsprobleme.

SEAMLESS ist nicht die Botschaft.

Die eigentliche Botschaft dieses Buches ist nicht ein Produkt.

Die Botschaft ist:

Denken Sie strukturell.

Modellieren Sie, bevor Sie messen.

Verknüpfen Sie, bevor Sie reporten.

Registrieren Sie, bevor Sie publizieren.

Verstehen Sie Zusammenhänge, bevor Sie eskalieren.

Ob Sie dafür SEAMLESS einsetzen oder ein anderes Modell entscheidend ist, dass Sie ein strukturelles Rückgrat besitzen.

Ohne Backbone wird ITSM operativ.

Mit Backbone wird ITSM strategisch.

Führung beginnt bei Klarheit

CIOs brauchen Steuerbarkeit.

ITSM-Leiter brauchen Transparenz.

Projektleiter brauchen Orientierung.

Struktur liefert genau das.

Nicht als Dokument.

Nicht als Excel.

Nicht als PowerPoint.

Sondern als integriertes Modell.

Die letzte Erkenntnis

ITSM ist kein Verwaltungsapparat. Es ist ein Führungsinstrument.

Wenn Services klar definiert sind, wenn Lieferketten sichtbar sind, wenn Kennzahlen kontextualisiert sind, wenn SLAs strukturell eingebettet sind, dann entsteht etwas Entscheidendes:

Vertrauen.

Und Vertrauen ist die eigentliche Währung zwischen IT und Business.

Wenn dieses Buch dazu beiträgt, dass Sie beim nächsten ITSM-Projekt zuerst nach Struktur fragen und erst danach nach dem Tool, dann hat es seinen Zweck erfüllt.

18

Meine Einladung zur Gestaltung

Gestalten Sie IT Service Management durch bewusste Entscheidungen

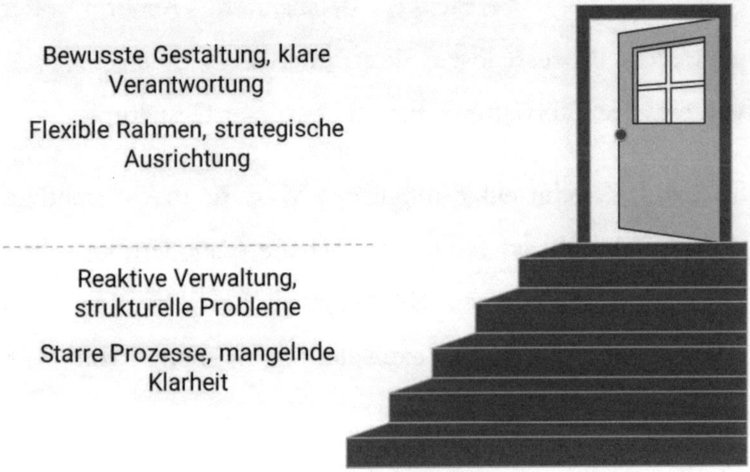

Dieses Buch hat bewusst keinen klassischen Schluss. Es endet nicht mit einer Zusammenfassung, einer Roadmap oder einer Handlungsempfehlung. Denn SEAMLESS ist kein abgeschlossenes Projekt und kein fertiges Produkt, sondern ein Gestaltungsansatz.

Die beschriebenen Probleme des heutigen IT Service Managements sind struktureller Natur. Sie lassen sich nicht durch bessere Werkzeuge, detailliertere Reports oder zusätzliche Prozesse lösen. Sie erfordern ein Umdenken – weg von reaktiver Verwaltung, hin zu bewusster Gestaltung.

SEAMLESS zeigt einen möglichen Weg. Es macht sichtbar, dass ITSM nicht an seiner Idee scheitert, sondern an seiner Umsetzung im falschen Denkrahmen. Services lassen sich führen, wenn sie als explizite, strukturierte Einheiten verstanden werden.

Top-down-Denken ist dabei kein Selbstzweck. Es ist die Voraussetzung dafür, Verantwortung zu klären, Komplexität zu beherrschen und Veränderung kontrolliert zu gestalten.

Dieses Buch erhebt keinen Anspruch auf Vollständigkeit. Es beantwortet nicht jede Detailfrage und liefert keine Blaupause für jede Organisation. Stattdessen möchte es Denkgrenzen verschieben und Gesprächsräume öffnen.

Die konkrete Ausgestaltung von SEAMLESS wird sich je nach Kontext, Organisation und Zielsetzung unterscheiden.

Gerade darin liegt die Stärke des Ansatzes. SEAMLESS ist kein starres Regelwerk. Es ist ein Ordnungsrahmen, der anpassbar bleibt, ohne seine innere Konsistenz zu verlieren.

Es lädt dazu ein, Services neu zu schneiden, Verantwortungen neu zu denken und ITSM als dauerhafte Führungsaufgabe zu begreifen.

Die Einladung dieses Buches richtet sich an alle, die IT nicht nur betreiben, sondern gestalten wollen. An Entscheider, die Verantwortung tragen. An Praktiker, die Strukturen suchen, statt Workarounds zu verwalten.

SEAMLESS bietet etwas Wertvolles: Klarheit.

Wer sich auf diesen Weg einlässt, wird feststellen, dass IT Service Management kein Nebenschauplatz der Organisation ist, sondern ein zentrales Steuerungselement. Ein Ort, an dem Strategie, Betrieb und Verantwortung zusammenkommen.

Die Frage ist daher nicht, ob ITSM neu gedacht werden muss. Die Frage ist, wer bereit ist, diesen Schritt zu gehen.

Dieses Buch versteht sich als Einladung. Nicht zur Nachahmung, sondern zur Auseinandersetzung. Nicht zur

Einführung eines Werkzeugs, sondern zur bewussten Gestaltung von Services.

SEAMLESS ist ein Angebot. Was daraus entsteht, liegt in der Hand derer, die es nutzen.

CHECKLISTE: DIE ERSTEN 90 TAGE EINES ITSM-PROJEKTS

Diese Checkliste hilft Projektleitern, die strukturellen

Grundlagen eines ITSM-Projekts systematisch aufzubauen. Die Punkte können im Projekt direkt überprüft und abgehakt werden.

PROJEKTFUNDAMENT SCHAFFEN (TAG 1–30)

Checkpunkt	Kurz erklärt
Projektauftrag schriftlich bestätigt	Ziele, Umfang und erwartete Ergebnisse des Projekts sind mit Management oder CIO abgestimmt und dokumentiert
Erfolgskriterien definiert	Es ist klar, woran der Projekterfolg gemessen wird (z. B. Servicekatalog, SLA-Struktur, GovernanceModell).

Projektorganisation festgelegt	Die gesammelte ServiceListe wurde bereinigt und vereinheitlicht.
Servicegranularität definiert	Projektleiter, Kernteam und Entscheidungsinstanzen sind definiert.
Stakeholder identifiziert	Alle relevanten Gruppen sind bekannt (IT-Betrieb, Fachbereiche, Provider, Management).

Erwartungshaltung der Stakeholder geklärt	Interviews oder Workshops zeigen, welche Probleme und Erwartungen existieren.
Vorhandene ITSM-Strukturen analysiert	Servicekataloge, SLADokumente, Prozesse und Tools wurden gesammelt und bewertet.
Bestehende Tools dokumentiert	ITSM-Tool, Monitoring, CMDB,

	Dokumentenmanagement und andere Systeme sind erfasst.
Aktuelle Rollenlandschaft analysiert	Es ist klar, wer Services betreibt, entscheidet und Verantwortung trägt.
Aktuelle Servicebegriffe gesammelt	Unterschiedliche Begriffe und Bedeutungen von
Erste Liste vorhandener Services erstellt	Alle bekannten Services wurden aus Dokumentationen und Systemen zusammengetragen.

SERVICEMODELL AUFBAUEN (TAG 30–60)

Checkpunkt	**Kurz erklärt**
Service-Definition festgelegt	Es ist eindeutig definiert, was in der Organisation als Service gilt.

Kriterien zur Serviceabgrenzung festgelegt	Regeln zur Unterscheidung zwischen Service, Anwendung oder Infrastruktur sind dokumentiert.
Serviceportfolio konsolidiert	Die gesammelte ServiceListe wurde bereinigt und vereinheitlicht.
Servicegranularität definiert	Es wurde festgelegt, wie groß oder klein ein Service sein darf.
Erste Verantwortliche für Services identifiziert	Für jeden Service existiert ein Ansprechpartner oder zukünftiger Service Owner.
Rollenmodell skizziert	Rollen wie Service Owner oder Prozessverantwortliche wurden beschrieben.
Serviceabhängigkeiten analysiert	Beziehungen zwischen Services und

	unterstützenden Systemen wurden identifiziert.
Lifecycle-Modell für Services definiert	Status wie geplant, aktiv oder auslaufend wurden festgelegt.
Governance-Struktur entworfen	Entscheidungsprozesse für neue Services oder Änderungen wurden definiert.
Serviceportfolio mit Management abgestimmt	Das Servicemodell wurde mit IT-Leitung oder CIO validiert.

STEUERUNGSSTRUKTUR ETABLIEREN (TAG 60–90)

Checkpunkt	**Kurz erklärt**
Struktur des Servicekatalogs definiert	Kategorien und Aufbau des zukünftigen Servicekatalogs sind festgelegt.

Struktur des Servicekatalogs definiert	Es ist klar, welche Services öffentlich im Katalog erscheinen.
KPI-Struktur für Services definiert	Wichtige Kennzahlen zur Servicequalität wurden ausgewählt.
SLA-Grundmodell definiert	Grundstruktur für Service Level Agreements ist festgelegt.
Datenquellen für Kennzahlen identifiziert	Es ist klar, aus welchen Systemen Servicekennzahlen kommen.
Dokumentationsstruktur fetgelegt	Es ist definiert, welches System welche Informationen enthält.
Verantwortlichkeiten für Datenpflege definiert	Für Serviceinformationen und Kennzahlen gibt es klare Verantwortliche.

Anforderungen an ITSMTool definiert	Toolanforderungen wurden aus dem Servicemodell abgeleitet.
Projekt-Roadmap für nächste Phase erstellt	Die nächsten Schritte für Implementierung und Rollout sind geplant.
Integrationsbedarf analysiert	Schnittstellen zu Monitoring, CMDB oder Reporting- Systemen sind identifiziert.

CHECKLISTE: 20 WARNSIGNALE EINES SCHEITERNDEN ITSM-PROJEKTS

Diese Anti-Checkliste hilft Projektleitern, typische Symptome eines scheiternden ITSM-Projekts früh zu erkennen.

Warnsignal	**Was dahinter steckt**
Niemand kann klar erklären, was ein Service ist	Ohne klare ServiceDefinition verliert das

Die Anzahl der Services wächst ständig	Services werden ohne klare Kriterien angelegt.
Unterschiedliche Bereiche verwenden unterschiedliche Servicebegriffe	Organisationsteile sprechen über unterschiedliche Dinge.
Neue Services entstehen schneller als alte verschwinden	Es fehlt eine LifecycleSteuerung.
Niemand weiß, wie viele Services es eigentlich gibt	Das Serviceportfolio ist nicht konsistent gepflegt.
Service Owner existieren nur auf dem Papier	Rollen wurden eingeführt, aber nicht befähigt.
Niemand weiß, wer über neue Services entscheidet	Governance-Strukturen fehlen.
Entscheidungen über Services werden informell getroffen	Governance wird durch spontane Abstimmungen ersetzt.
Änderungen führen zu politischen Diskussionen	Das Modell ist nicht stabil genug für klare Entscheidungen.

Diskussionen drehen sich hauptsächlich um Toolfunktionen	Der Fokus liegt auf Technik statt Struktur.
Das Projektteam sagt häufig: ‚Das Tool lässt das nicht zu'	Die Organisation passt sich dem Tool an.
Immer mehr Customizing wird notwendig	Das Tool wird verbogen statt das Modell zu klären.
Neue Anforderungen führen sofort zu neuen Feldern oder Workflows	Strukturprobleme werden technisch kompensiert.
Ein Toolwechsel erscheint unmöglich	Vendor Lock-in ist entstanden.
Serviceinformationen existieren in mehreren Systemen	Es gibt keine führende Datenquelle.
Excel-Listen ersetzen offizielle Systeme	Mitarbeitende bauen Schattenstrukturen.
Unterschiedliche Reports liefern unterschiedliche Zahlen	Kennzahlen basieren auf verschiedenen Definitionen.

KPIs sehen gut aus, aber der Service funktioniert nicht	Kennzahlen messen Aktivitäten statt Servicequalität.
Serviceverantwortung konzentriert sich auf wenige Personen	Wissen ist nicht strukturiert dokumentiert.
Bei Incidents beginnt zuerst die Suche nach Informationen	Abhängigkeiten und Dokumentation sind nicht strukturiert verfügbar.

About The Author

Dr. Robert Scholderer ist seit vielen Jahren als IT-Consultant für große Unternehmen und Konzerne tätig. Sein Schwerpunkt liegt auf der Konzeption, Einführung und Bewertung von IT-Servicekatalogen sowie Service Level Agreements (SLAs) in komplexen IT-Organisationen und in der Zusammenarbeit zwischen Kunden und IT-Dienstleistern. Seit über 28 Jahren beschäftigt er sich intensiv mit Rechenzentren, IT-Infrastruktur und dem operativen IT-Betrieb und hat dabei umfangreiche praktische Erfahrungen in den Themenfeldern dieses Buches gesammelt.

Darüber hinaus ist Robert Scholderer als Trainer bei zahlreichen renommierten Schulungsanbietern tätig. Seine Seminare behandeln unter anderem IT-Servicekataloge, Service Level Agreements, die Rolle des Service Owners, Service Desks sowie Self-Service-Portale.

Bereits im Jahr 2001 meldete er ein Verfahren und eine Anordnung zur Qualitätsüberwachung von IT-Services zum Patent an. Dabei werden die in einem SLA vereinbarten Leistungen mit Sollwerten und Schadensersatzregelungen verknüpft und gespeichert, sodass die gewonnenen Daten zur kundenspezifischen Steuerung von Servicesimulatoren genutzt werden können.

Im Jahr 2018 entwickelte er mit ITSL (IT Standard Service Language) eine neue Standardsprache für IT-Infrastrukturen und Service Level Agreements als Alternative zu etablierten Frameworks wie ITIL. 2019 folgte der erste Prototyp seines Service-Design-Tools SEAMLESS.

Von 2009 bis 2013 war Dr. Scholderer Mitglied des Beirats der Central Europe Computer Measurement Group (CECMG). Im Jahr 2021 wurde er zum ersten Vorsitzenden des itSMF Österreich gewählt.

Für seine unternehmerischen Aktivitäten sowie für innovative Modelle im Bereich Service Level Agreements – darunter SOUSIS und der IT-Servicekatalog CECAR – wurde er mehrfach mit Innovationspreisen ausgezeichnet.

Robert Scholderer

Priv.-Doz. Dr. -Ing. habil.

Principal Service-Level-Manager

E-Mail: robert@scholderer.de

Made in the USA
Monee, IL
05 November 2026

67806827R00101